7 noches
de amor

...para mejorar

tu relación

7 noches de amor

de amor

...para mejorar tu relación

ANABEL OCHOA

AGUILAR

AGUILAR

Copyright © Dra. Anabel Ochoa, 2004
De esta edición:
D. R. © Santillana Ediciones Generales S.A. de C.V., 2004.
Av. Universidad 767, Col. del Valle
México, 03100, D.F. Teléfono (55) 54207530
www.**aguilar**.com.mx

Distribuidora y Editora Aguilar, Altea, Taurus, Alfaguara, S. A.
Calle 80 Núm. 10-23, Santafé de Bogotá, Colombia.
Santillana Ediciones Generales S.L.
Torrelaguna 60-28043, Madrid, España.
Santillana S. A.
Av. San Felipe 731, Lima, Perú.
Editorial Santillana S. A.
Av. Rómulo Gallegos, Edif. Zulia 1er. piso
Boleita Nte., 1071, Caracas, Venezuela.
Editorial Santillana Inc.
P.O. Box 19-5462 Hato Rey, 00919, San Juan, Puerto Rico.
Santillana Publishing Company Inc.
2043 N. W. 87th Avenue, 33172. Miami, Fl., E. U. A.
Ediciones Santillana S. A. (ROU)
Constitución 1889, 11800, Montevideo, Uruguay.
Aguilar, Altea, Taurus, Alfaguara, S. A.
Beazley 3860, 1437, Buenos Aires, Argentina.
Aguilar Chilena de Ediciones Ltda.
Dr. Aníbal Ariztía 1444, Providencia, Santiago de Chile.
Santillana de Costa Rica, S. A.
La Uruca, 100 mts.Oeste de Migración y Extranjería, San José, Costa Rica.

Primera edición: noviembre de 2004

ISBN: 970-770-057-2

Diseño de cubierta: Enrique Beltrán Brozon
Fotografía de la autora: Raúl González
Fotografía de portada: Michael Wray
Diseño de interiores: Anáfora, servicios editoriales (www.**anafora**.com.mx)
Impreso en México.

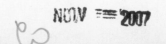

ÍNDICE

A mi pequeña Alejandra

por el tiempo compartido

que me regaló

para escribir mis libros.

PRÓLOGO

Después del enorme éxito generado por el último libro de Anabel Ochoa, *Juegos en Pareja* (Aguilar 2003), la autora insiste en abordar la parte lúdica de la sexualidad, lo que tiene de placer y juego. En volúmenes anteriores nos habló de los mitos y los tabúes, de las enfermedades y los problemas, de las perversiones y de la infinita variedad de la sexualidad humana. Respondía entonces a las grandes dudas que todavía hoy atenazan nuestras mentes, pero últimamente ha preferido hablar de lo que el sexo tiene de positivo, de comunicación efectiva entre dos personas, de gozo y sobre todo de diversión, donde el humor posee un valor importantísimo. Qué sería de nosotros sin el sentido del humor, sin el deseo de reírse primero de nosotros mismos y luego con los demás. Para dramas ya tenemos bastante con leer los periódicos y escuchar las noticias de crímenes y masacres, de guerras absurdas, hambrunas y catástrofes. No es que se trate de eludir esa realidad sino de fortalecer un poco nuestra resistencia personal a la desesperación y la angustia, tratar de vivir algo mejor nuestras existencias individuales para aportar algo más que necedad a este mundo absurdo de intereses y coartadas. Y entonces ¿qué es lo que tenemos más cerca para disfrutar de la vida cotidiana? ¿qué es eso que está al alcance de nuestra mano si solamente estiramos un poco el brazo en la cama? Claro: la pareja, el amor, y el sexo desde luego. Reencontrarnos con nosotros mismos a través de nuestra pareja es un ejercicio de autoestima y de amor, debemos aprovechar lo que tenemos y sacarle todo el jugo que le queda a una relación de la que apenas sabemos extraer las gotas de lo convencional. Abrir nuestra cabeza a las posibilidades infinitas del juego y la sensibilidad nos permite recuperar la sensualidad y diversión que están ahí, esperándonos para hacernos un poco mejores, para nosotros mismos, para nuestra pareja y para el mundo. Tal vez así logremos transformar esa realidad que parece superarnos desde los medios de comunicación donde anida el amarillismo y el morbo. Nada de morbo hay aquí, todo queda en casa. Este libro ofrece la posibilidad de reinventarse y reinventar nuestra relación sin más ingredientes que los disponibles y sin más aderezos que nuestras ganas de pasarlo bien sin temor ni complejos. Si a esta declaración de principios básica unimos un amplio conocimiento de la gastronomía en general y de las sustancias afrodisíacas en particular, tenemos los elementos para ofrecer un libro lleno de interés a todos los niveles. Aporta imaginación y conocimientos múltiples aplicables a nuestra vida cotidiana, trucos y tips divertidos y sensuales, recetas novedosas y sencillas, actitudes y aptitudes válidas para refrescar nuestra añeja relación de pareja. Este libro es el regalo perfecto para nuestro par y para nosotros mismos, y si no tienes pareja te servirá muy bien para que cuando la encuentres no se te escape entre los dedos. Aquí se despliega el mejor armamento para la seducción, los instrumentos no para la destrucción sino para la reconstrucción del amor y de la sexualidad, algo tan saludable como la calidad misma de nuestra vida.

1
Noche

Mejorar...
La comunicación de pareja

En este mundo comunicado, hipercomunicado, tenemos Internet, celular, reportes informativos de todo lo que ocurre en el planeta por medio de la prensa, la radio y la televisión. Pero fallan los noticieros internos, los que nos explican qué le pasa a nuestra pareja, cómo está cambiando; quién es hoy, aquí y ahora, el hombre o la mujer que cuece sus días a nuestro lado. Estamos internamente incomunicados, aislados, solos en definitiva a pesar de vivir acompañados, ya sea como novios, amantes o en matrimonio.

Con el tiempo nos hacemos rutinarios y también nuestras conversaciones. Repetimos una y otra vez los mismos tópicos al platicar en pareja y los temas son cada vez más superficiales. Hablamos de lo que ocurre en el exterior pero no en nuestro interior. Narramos historias de los demás, de lo que les pasa, pero no de lo que en el fondo nos está pasando. Y es así como poco a poco se distancia la pareja, pierde comunicación interna, la verdadera intimidad. Intimidad no es quitarse la ropa, es desnudarse por dentro.

Conservar el amor no es congelarlo, es hacerlo crecer y adaptarlo a nuestros cambios que sin darnos cuenta ocurren día con día. Habrá que reaprender aquella comunicación inicial de cuando nos enamoramos. El matrimonio y el convivir en pareja no es una meta ni un fin, muy al contrario, es el inicio de una ruta en común que deberá estar viva, mutante, activa, cambiante. El diálogo profundo es el mejor alimento para nutrir a una pareja de cómplices, pares, compañeros, parejos y unidos como los mejores amigos del mundo.

Esta noche le vamos a echar ganas, no para lograr un milagro, sino para hacer un parteaguas, un punto y aparte, para romper el aislamiento y empezar a comunicarnos. Cuando las parejas caen en un foso, tienden a repetir los errores una y otra vez sin poder zafarse del desatino. Por eso no está de más una receta para inventar una noche que inaugure la comunicación y te permita escribir la historia de amor de otra manera, de la mejor manera.

Los cinco sentidos van a entrar en juego. Es importante quedar previamente de acuerdo y explicarle a tu pareja la intención de esta noche: "Mejorar la comunicación." Importa desde la cita que hagas para cenar, el ambiente, los colores, olores y sabores. Todo está pensado para estimular tus papilas gustativas, tu olfato que va directamente al cerebro y despierta la fiera animal que se prende con las feromonas, el tacto que te acerca a la pareja, el orgasmo por supuesto, la luz, todo. Entonces: manos a la obra.

Necesitarás

Desde luego los ingredientes gastronómicos de la cena que te detallo en el siguiente apartado. Pero además:

Una licuadora.

2 platos hondos de color barro natural.

1 plato llano del mismo material.

2 cucharas.

2 servilletas de tela roja lisa.

Un puñado de granos de café enteros y tostados.

6 rosas rojas con tallo largo y espinas.

2 caballitos (vasitos).

1 *casette* o CD de música clásica de piano, sin cantos.

Una casetera portátil.

Una varilla de incienso de hierbabuena o menta.

Aceite esencial de enebro.

Una vela gruesa de color marfil o de tono café claro sin aroma.

Una buena cobija de tacto suave o edredón si la noche es fría.

Sábanas blancas.

1 par de mascadas o cualquier tela sutil color café que dejen pasar la luz a través del tejido.

Y sobre todo: muchas ganas, y ésas no las venden en la tienda.

CENA
Caldito de tu cuerpo

Sopa fría de gazpacho que desata las pasiones y energetiza la libido. Es un remedio afrodisíaco de los gitanos desde hace cientos de años que fue llevado a Andalucía, la zona flamenca de España. Hoy se sabe que es un plato que por sí mismo hace sobrevivir a un pueblo por su plenitud vitamínica y es tremendamente energético. Ideal para las noches de calor. Aunque es un plato frío es arrolladoramente afrodisíaco, como todos los que te proponemos en este libro porque el erotismo es sin duda una herramienta de comunicación humana que ayuda a mejorar las cosas. Por sí mismo no es lo suficientemente eficaz para resolverlas pero no olvides que: "un grano no hace granero pero ayuda al compañero".

Necesitarás:

1 pepino grande.

ˇ de cebolla morada.

ˇ de chile poblano.

ˇ de pimiento morrón rojo.

1 chile guajillo.

6 jitomates maduros.

° diente de ajo, 6 alcaparras.

1 rebanada de pan de caja.

1 vaso de agua purificada.

1 pellizco de sal marina (gruesa en grano).

2 cucharadas soperas de aceite de olivo.

1 chorrito de vinagre.

Hielo.

Una licuadora.

Guarda un poquito de cada uno de los ingredientes para el adorno final.

En la licuadora vas a poner solamente las verduras en crudo y el pan, sin cocinar. No olvides lavarlas bien y desinfectarlas porque aquí no contarás con el calor, todo va crudo. El pepino sin piel pero con todo y semillas, la cebolla sin la capa externa, el poblano y el morrón sin venas ni semillas, el guajillo con todo, los jitomates completos, las alcaparras enteras, el ajo pelado, el pan previamente remojado en agua purificada, además del vaso de agua que vas a verter luego. El truco, el gran truco, es que mientras se licua a velocidad lenta tú vas a estar echando el aceite de olivo gota a gota de modo que emulsione y forme un todo con la mezcla, sin que quede ni un ojito de grasa flotando, es importante que esta maniobra sea lenta. Cuando lo agotes, haces lo mismo con la sal y el vinagre. No lo licues demasiado, que quede grueso, para que lo puedas comer con cuchara, no beberlo como licuado.

Lo sirves con hielos al final y pones al centro de la mesa sobre un plato los mismos ingredientes que utilizaste picados muy chiquitos para servirte al gusto sobre la mezcla. Lo puedes preparar con muchas horas de antelación y guardarlo en el refri con hielos hasta el momento oportuno, incluso mejora su sabor de esta manera. Reservarás dos vasos bien fríos tipo caballito, llenos de gazpacho para llevarte luego al cuarto.

No vas a cenar nada más. Tampoco hay bebida porque este plato cumple las dos funciones de comer y aliviar la sed. Es importante que el estómago esté con apetito en vez de saturado. Recuerda que en la digestión el riego sanguíneo se va al estómago, y aquí queremos que baje un poquito más. Provoca un aliento fuerte pero no le tengas miedo. Saborea los labios y la lengua de tu amante, prueba el ajo y la cebolla, el pepino y el chile en su saliva. Sigue comiendo de su boca cuando quede vacío el plato y llévate los dos caballitos de gazpacho a la recámara porque al rato tendrás sed.

AMBIENTE

Tan importante como todo lo demás es la ambientación de la velada y las cosas que te rodean. Para presentar el gazpacho te recomiendo platos hondos, cuencos o cazuelitas de barro rústico que conjugan a la perfección con el rojo del gazpacho. Unas servilletas rojas de tela o en su defecto de papel (te las inventas aunque sea por medio de la papelería), pero rojas, lisas y sin dibujo. Unas rosas rojas abandonadas por la mesa, con tallo y espinas; el tallo tiene aquí una simbología erótica, cuanto más largo mejor, y las espinas, además de añadir erotismo simbolizan la situación actual que va a ser mejorada esta noche. Entre las flores de la mesa, regados a puñados sin orden ni concierto, unos granos de café tostados, enteros. La armonía entre ambos colores (café y rojo), así como la conjunción de ambos aromas, proporcionan un equilibrio entre las ganas de cambiar y la sensatez de hacerlo.

Elabora dos carteles chiquitos con el menú y pones uno junto a cada plato. Utiliza para ello un pedacito de cartulina roja y un marcador de tinta café. En ellos con tu mejor letra escribirás:

"Caldito de tu cuerpo" con letras destacadas, y bajo ellas la explicación del plato: "Sopa fría de gazpacho que desata las pasiones y energetiza la libido."

Ilumina la mesa con una vela ancha, que se sostenga por sí misma, de color marfil natural, sin perfume, porque puede arruinar la cena al mezclarse los aromas.

En cambio tu cuerpo tendrá estratégicamente unas gotas de aceite esencial de enebro (es la hierba base de la ginebra y se le atribuye el efecto de devolver el ardor juvenil) bien diluido tras los lóbulos de las orejas y en la cara interna de tus muslos, nada más, no te excedas, recuerda la regla minimalista del "menos es más".

Para el sonido de la cena te recomiendo la música clásica, instrumental, es mejor de piano, sin voces ni letras que distraigan porque esta noche las palabras son sólo tuyas y de tu pareja, de nadie más. Esta misma música la llevarás luego a la recámara cuando las cosas se pongan más candentes, elevando simplemente un poco el volumen de la misma para que actúe como fondo en esta noche de amor. Por supuesto nada de televisión, ni en la cena ni en el cuarto, ¡no se te ocurra!

La recámara exigirá estar preparada previamente a la cena, para que puedas ir directamente del comedor a ella sin tener que colapsar la velada poniéndote a hacer decoraciones extrañas. Es importante que el ambiente esté caldeado, nada de corrientes, buena temperatura o buenas cobijas a la mano si la noche es fría, de manera que puedan jugar libremente los cuerpos desnudos arropándose por aquí y desarropándose por allá (si tienes un edredón de pluma es aún mejor).

Ten previsto el aroma del cuarto desde horas antes, es fundamental. Deja prendida una varilla de incienso con base en hierbabuena o menta, pero sólo una, no más porque la saturación lo convertiría en desagradable. Si no tienes inciensario para clavarla puedes hacerlo en una papa fuera de la vista, funcionará de igual manera, pero no la insertes en una fruta aromática porque confundiría los olores y no lograríamos el efecto deseado. La combinación de la menta con tu esencia de enebro hará una mezcla que invita a la comunicación predisponiendo al cerebro a las mejores intimidades.

En la cama tendrás regados por las sábanas unos cuantos pétalos de las mismas rosas rojas de la mesa (pero sin tallos ni espinas por supuesto). Utiliza sábanas blancas, sin dibujo, para que resalten sobre ellas los pétalos. Ten en cuenta que en el juego amoroso se mancharán con la maravillosa mezcla del sudor de los cuerpos, los humores sexuales y los pétalos machacados; mañana podrás lavarla o guardarla como recuerdo de esta noche.

También es importante que en la recámara tengas controlada la luz en tonos ámbar y café. Para ello bastará envolver tu lámpara de noche con una mascada o una tela traslúcida de estos tonos, son tremendamente favorecedores, disimulan los defectos anatómicos y todo tu cuerpo se verá embellecido y misterioso. Nada más ten cuidado de que la tela no esté en contacto directo con el foco porque puedes ocasionar un incendio.

CONVERSACIÓN

Recuerda cuando tu pareja y tú se conocieron y platicaron las primeras veces. Eran dos desconocidos. Tenían que contarse el uno al otro quién era cada uno, con qué soñaba, cuáles eran sus proyectos de futuro, sus anhelos más profundos. Ahora casi no escuchas al otro porque te parece que todo lo sabes, y en el fondo no sabes nada, cada vez menos de lo que le va ocurriendo. Lo mismo pasa contigo, crece la soledad al crecer la incomunicación. Hoy vamos a cambiar las cosas, a corregir el rumbo de la rutina para mejorar de aquí en adelante aprendiendo en esta noche de intenso ejercicio para los cinco sentidos.

No se trata de tener un guión previo sobre los temas a platicar sino de cómo hacerlo. Podrás hablar de cualquier cosa, pero siempre con cada frase incluyendo el verbo "sentir" en todas sus formas y conjugaciones, y esto lo harás al mencionar todos los temas, ya sea los hijos, el trabajo, la casa, los horarios, los planes de futuro: "Yo siento que..., entonces sentí..., yo me sentiría... asustada, alegre, feliz, melancólica, etcétera." También al preguntarle a la pareja: "¿Cómo te sientes? ¿qué sientes? ¿de qué manera te sentirías?, etcétera." Al utilizar este verbo en todas las frases comprobaremos que la conversación no puede ser superficial como acostumbramos sino que en todos los temas estaremos expresando al otro nuestra forma de pensar, de sentir y de sentirnos, nuestras emociones, no las anécdotas vacías que acostumbramos. Por supuesto que un buen remate puede ser la frase: "Yo siento ahora excitación y ganas de hacer el amor contigo."

TAREA ERÓTICA

Ya desnudos y con algunos pétalos de las mismas rosas regados sobre la cama, escribirás con tus dedos palabras sencillas sobre la espalda de tu amante que él tendrá que adivinar. A continuación él lo hará contigo. Quien adivine más palabras podrá elegir la caricia de su preferencia para recibirla de manera pasiva mientras el otro ocupa el papel activo.

Y es aquí donde viene el verdadero ejercicio de comunicación. La persona activa hará por ejemplo sexo oral al otro con su mayor esmero, lenta y delicadamente. La persona pasiva, cuando esté sintiendo placer tendrá que hacer tres pasos sucesivos:

1. Detenerse a pensar por un instante: "Me está acariciando la zona más íntima de mi cuerpo de una manera que realmente me da placer." (Haciéndolo consciente.)

2. Decirle a su pareja suavemente y con voz íntima: "Me proporciona mucho placer la forma en la que me estás acariciando."

3. Pedirle a su pareja: "Por favor, sígueme acariciando un poquito más."

Luego podemos repetir el ejercicio al revés, siendo activo el pasivo y viceversa. De esta manera haremos verbal y consciente lo que sentimos, estaremos expresando y comunicando a nuestra pareja las sensaciones que experimentamos.

A muchos de nosotros se nos dificulta expresarnos verbalmente mientras hacemos el amor. Es todo un recordatorio para que no olvidemos la palabra, el manifestar al otro lo que nos gusta y cómo nos sentimos. Cumple una misión terapéutica el decirlo, pero también el escucharlo porque crece la autoestima de quien te está acariciando, se siente escuchado en sus caricias y piensa que el esmero valió la pena.

DESPERTAR

Al día siguiente, tras un sueño reparador, antes de hablar, no olvides escribir con tus dedos sobre la espalda de tu pareja la palabra "gracias". Es importante este remate afectivo y tendrás buenos resultados de aquí en adelante.

EFECTOS QUÍMICOS DE ESTA NOCHE

Cada ingrediente está pensado y combinado para que todo disponga al encuentro, y mejore la comunicación en pareja, que es el efecto deseado de esta noche. Todo es importante, el ambiente, la conversación, la tarea erótica y el despertar, pero no está de más que sepas algo acerca de lo que estarás utilizando.

El jitomate en tu cena es el vegetal rey del huerto afrodisíaco, por algo se le llama "manzana del amor". Se trata de una de esas joyas de la cocina erótica que América exportó al mundo. Si quieres comprobar su aroma a almizcle (hormona sexual olfatoria) estruja entre tus manos unas hojas de esta planta e inhala su perfume, verás que te transporta a sensaciones muy jugosas en el bajo vientre. Más aún, si tienes un gato en casa dáselo a oler y verás cómo retoza y maúlla porque este animal es tremendamente sensible a los aromas afrodisíacos. Si quieres un efecto más puro te recomiendo cultivar tus propios jitomates en cualquier maceta amplia sin pesticidas y con semillas naturales o conseguir algunos de cultivo hidropónico (con riego puro gota a gota) que son excelentes.

La cebolla es sagrada como afrodisíaco desde las culturas más antiguas, además de ser el estimulante sexual más barato que existe, de ahí que estuvieran prohibidas en la mayoría de los monasterios de oriente y occidente. Un viejo tratado de amor del imperio romano dice: "Si tu esposa está vieja y tu miembro exhausto, come cebollas hasta hartarte." Por su parte los griegos aseguraban que "las cebollas nublan los ojos y excitan las propensiones amatorias". Esta noche además estaremos utilizando la más potente de todas ellas, la roja o morada, típica de la cocina yucateca con más principios activos que la blanca. Pero recuerda que también se dice de este bulbo que "ni siquiera la cebolla te servirá de nada si no tienes fuerza por ti mismo".

Las alcaparras por su parte son citadas en la Biblia (Eclesiastés 12:5) como de efecto lujurioso y por ello se aconseja abstenerse de su consumo para evitar tentaciones de la carne, justo lo contrario es lo que queremos lograr en esta noche, por eso las recomendamos.

El ajo que añadimos es de un valor afrodisíaco aceptado por todas las culturas de oriente y occidente, que no te moleste su olor porque trabaja en tu beneficio en esta velada. Para los antiguos japoneses el ajo tenía la misma consideración que el néctar y la ambrosía de los dioses de los antiguos griegos. La ciencia actual ha descubierto que uno de los componentes del ajo que produce su intenso olor es similar químicamente a una sustancia contenida en los jugos de la vagina femenina, ambos con rico contenido en yodo, absolutamente necesario para el buen funcionamiento de nuestro sistema hormonal.

El pepino no está considerado normalmente como afrodisíaco salvo por su forma fálica que recuerda al pene. Sin embargo en esta receta concreta y como única excepción, sus propiedades vitamínicas y minerales se oxidan de manera especial en conjunción con los demás ingredientes creando un efecto de estimulante sexual favorecedor de la irrigación sanguínea hacia la zona de la pelvis y los genitales.

Tanto el chile como el pimiento son los ingredientes indiscutibles de la cocina erótica, y por suerte en México se incluyen en la mayoría de las recetas. Tanto es así que en el año 1132 Pedro el Venerable prohibió su uso a los monjes de

Cluny por sus efectos afrodisíacos que alteraban el buen descanso de los castos varones. Existen recetas chinas para hacer emplastos con ellos para el pene, pero no te lo recomendamos en absoluto, es mucho mejor ingerirlos como parte de esta receta y de muchas otras.

Finalmente la sal marina, el aceite de olivo y el vinagre harán de detonante para la mecha erótica que prende el gazpacho. Te recomendamos consultar el "Diccionario de Afrodisíacos" al final de este libro porque ahí encontrarás otras muchas opciones de condimentos, todas ellas conseguibles en la despensa mexicana sin que tengas que dar la vuelta al mundo o sacrificar animales en extraños rituales durante noches de luna llena.

En cuanto a los aromas de la noche te conviene saber que el aceite esencial de enebro que usarás para perfumar tu cuerpo se obtiene de unas bayas azules de tal potencia que no deben ingerirse durante el embarazo ni en caso de enfermedades del hígado. De esta sustancia el Kama-sutra dice que es un aroma que estimula el vigor de manera sorprendente.

La hierbabuena con la que aromatizas el cuarto es considerada por las culturas árabes como el gran remedio para los casos de impotencia y de disminución de la libido, de modo que ellos la utilizan diariamente en el te, incluso los ancianos la añaden al agua de la tina durante su baño para recuperar el vigor perdido con los años.

Las rosas rojas regadas por el lecho también penetrarán en cierta dosis a través de tu piel y la de tu pareja. En las bodas de los antiguos romanos, la novia guardaba su ramo nupcial de rosas para mordisquearlas al momento de ser penetrada, esto la preparaba para recibir placenteramente a su esposo. Tú no puedes ser menos, no dudes en hacerlo.

Que disfrutes tu noche para mejorar la comunicación de pareja.

NOCHE

MEJORAR...
LA RUTINA

El amor no es rutinario, somos nosotros los que nos volvemos rutinarios de manera casi inevitable si no hacemos algo por cambiar las cosas. Las maripositas que nos corren por el estómago en el enamoramiento parecen dar paso a un bostezo con el tiempo y ya no hay nada que nos mueva el piso. Hay muchos refranes que ejemplifican esta situación: "Me casé, me cansé", "pan con lo mismo", "todos los días gallina, amarga la cocina", etcétera.

Cuando una pareja de novios se casa o deciden vivir juntos hay un cierto miedo a la inestabilidad, a que las cosas fracasen por no saber hacerlo. Es entonces cuando metemos la pata y tratamos de establecer normas para vivir de manera ordenada (¡y aburrida!) por el resto de nuestros días. Repetir rituales es más una obsesión neurótica que un método de felicidad. Las investigaciones científicas actuales demuestran que al contrario, las neuronas de la pasión sólo se estimulan con lo novedoso y se saturan y dejan de responder con lo previsible y conocido.

Es imposible transformarse cada día en un hombre o una mujer distintos para mantener viva la flama, pero sí podemos rodearnos de pequeñas cosas creativas, elementos innovadores y actitudes rebeldes que hagan de nuestra vida cotidiana una aventura más que un lugar conocido, previsible, adivinable y rancio con el uso.

Comer todos los lunes lo mismo, hacer lo mismo todos los domingos, visitar a la abuela todos los sábados, etcétera, no es precisamente un aliciente para el cerebro enamorado. Aunque por momentos parezca que nos gusta aferrarnos a rutinas seguras, es una trampa mortal para el erotismo. De igual manera pasa con los sitios fijos en la mesa, en la cama, con la decoración y con las palabras que se repiten más que el ajo.

El gran Sigmund Freud (padre del psicoanálisis) describe que las familias mejoran su relación al salir a un restaurante porque ahí se rompen los lugares preestablecidos en la mesa de la casa, que todos hablan de diferente manera gracias a una nueva distribución del espacio. Hay terapias de familia en las que se come iniciando por el postre y se termina por la sopa para provocar ciertas reacciones, también se cambian los lugares en torno a la mesa o se ponen todos de un mismo lado en un rincón dejando un extremo vacío, decir "adiós" al llegar y "hola" al salir, etcétera. Sí, no estamos locos, la locura es repetir como chango nuestras manías.

Esto y mucho más vamos a aprovechar en esta noche para romper la rutina, para sacar esos otros personajes que todos llevamos dentro y que permanecen asfixiados en la rutina. Tú mujer, no naciste esposa ni madre ni con esta edad, fuiste joven, adolescente, soñadora, inquieta, curiosa. Tú hombre, tampoco eras así, y tal vez te estás convirtiendo en una ruina rutinaria digna del museo de antropología. ¡Se acabó!

En otro libro nuestro de esta misma editorial llamada *Juegos en Pareja* hallarás un sinfín de fantasías eróticas para distraer y curar el aburrimiento sexual. Pero en esta obra te proponemos otro concepto de noches globales donde importa la cocina afrodisíaca, la aromaterapia, la musicoterapia, la luminoterapia, la sexoterapia, los ejercicios de psicoterapia de pareja y muchos más que irán operando en ti y en tu pareja de manera casi imperceptible de momento pero como un todo al servicio de una causa, la tuya.

Esta noche, como todas las demás, es trabajosa y exige preparativos. Nada que no puedas encontrar en tu medio, pero son laboriosos, desde la cena hasta la recámara, incluida la ambientación, la música, la luz y los aromas. Nadie dijo que era fácil: "El que algo quiere, algo le cuesta." Tú decides.

NECESITARÁS

Esta velada no es de las peores en cuanto a requerimientos. Desde luego necesitarás los ingredientes gastronómicos de la cena que te detallo en el siguiente apartado, pero además:

1 botella de vino cava (tipo champán) seco (brut).

2 copas de champán.

1 sábana blanca, grande, que no te importe echar a perder y tal vez una plancha de hule espuma del mismo tamaño.

Dos platones blancos.

Diez velas rojas.

Un *casette* o CD de música árabe.

Un pedazo de papel amate (artesanal hecho con corteza de árbol).

Un pincelito.

Un bote chiquito de pintura acrílica verde.

Una varilla de incienso con aroma de canela.

Aceite esencial de bergamota.

Muchas servilletas de papel.

Cena
Falos de los dioses y frutas prohibidas

Espárragos, fresas con chocolate y frutos secos es nuestro menú de esta noche.

Necesitarás:

1 bote de espárragos blancos extragruesos.

1 diente de ajo.

1 chorrito de aceite de oliva virgen.

1 limón fresco, unas hojas de epazote fresco.

° kg de fresas frescas.

1 tableta de chocolate semiamargo.

Nueces variadas.

No te molestes en organizar la mesa porque cenaremos en la recámara y sin cubiertos, pero esto te lo cuento luego. Como siempre, la cena será breve y puntual para que te quedes con ganas de más y así completar con los cuerpos.

Primero los espárragos. Serán de lata o mejor aún de frasco para que los veas al comprarlos y no haya sorpresas desagradables. Que sean blancos, extragruesos (si en la etiqueta aclara que son "pelados a mano" aún mejor porque serán tiernos hasta el final). Les quitas el agua y los dispones todos en un solo plato, paralelos, orientados en la misma dirección. Añades por encima un poco de ajo fresco rayado de manera que no se sientan sus trocitos en la boca. Luego un poco de aceite de oliva virgen rociado y unas gotas de limón. Adorna por encima con hojas de epazote picado muy chiquito.

Las fresas con chocolate tendrás que haberlas preparado con antelación. Ahora verás por qué. Vamos a envolver fresas en una camisa de chocolate pero duro, no líquido, que se muerdan como golosina encontrando un centro libidinoso de fresa en su interior. Bastarán diez fresas, cinco para cada uno y te conviene que no sean demasiado grandes, cuanto más chicas mejor. Lo primero será sumergirlas en 2 litros de agua con 8 gotas de cloro y dejarlas reposar ahí durante 10 minutos para que se desinfecten profundamente. Ten en cuenta que la fresa es una fruta peligrosa si fue regada con aguas residuales. La fresa se contamina por dentro, en su corazón, como los humanos, a diferencia de otras frutas que sólo lo hacen por afuera.

Mientras tanto aprovecha el tiempo para hacer con el chocolate un doble proceso, fundirlo y endurecerlo sucesivamente. Sí, así es, pero no te asustes. Necesitas comprar una tableta de 250 gr. de chocolate como el que venden para comer, no para cocinar. Lo ideal es que sea sin otro tipo de añadidos (nueces, arroz, etcétera), es mejor puro chocolate, de preferencia semiamargo. Lo vas a fundir en el horno de microondas, en un recipiente de plástico, durante 3 minutos.

Escurres las fresas para que no lleven agua, y las vas pasando una a una por el chocolate fundido, como si estuvieras capeando algo. No les quites el rabito ni las hojitas verdes que servirán para agarrarlas por ahí. Las depositas en una charola plana, sin amontonar, y las metes al refrigerador por espacio de una hora mínimo, cuanto más tiempo mejor. El chocolate volverá a estar duro y puedes degustar este plato como una golosina. Sus efectos afrodisíacos son impactantes al mezclar la lujuriosa fresa con el poderoso *cacaotl* del chocolate que contiene theobromina, literalmente alimento de los dioses para los antiguos aztecas.

Los frutos secos no tienen más complicación que comprarlos. Te recomendamos particularmente: nuez de Macadamia, nuez de la India y nuez de Castilla entremezcladas.

AMBIENTE

Esta vez no necesitaremos de sala ni de comedor. La cena será un *picnic* en tu recámara, como si salieras de día de campo pero disfrutado al pie de la cama. Tendrás que preparar este ambiente con antelación para que todo esté listo cuando tu pareja llegue a cenar.

Utiliza una sábana blanca grande a modo de mantel y todo transcurrirá en el piso. Si es sobre la alfombra como base, mejor, por aquello del dolor de huesos al rato. Si no tienes alfombra compra una plancha de hule espuma del tamaño de la sábana y lo pones bajo ella, sólo que entonces tendrás que asentar bien los platillos sobre otros más grandes para que no se vuelquen, aunque al final te aseguro que quedará todo más que revolcado y embarrado, no te preocupes pues un día es un día, y ese día es hoy.

Sobre tu "mantel" de *picnic* coloca los espárragos en un plato único, lo mismo que las fresas con chocolate. Los frutos secos irán esparcidos sobre el mantel alocada y decorativamente, como si se hubieran derramado pero con una cierta intención estética. En esta cena no habrá platos individuales porque se trata de que se den de comer el uno al otro en la boca. Tampoco hay cubiertos pero sí muchas servilletas de papel.

Escribe el menú sobre un pedazo de papel amate (corteza de árbol en lámina que encontrarás en los mercados tradicionales de artesanías), dibuja las letras con tu mejor esmero con un pincelito y tinta verde acrílica, y lo colocas junto a los platillos poniendo: "Falos de los Dioses y Frutas Prohibidas" en letra principal; debajo la explicación con letra más sencilla: "Espárragos enteros y fresas con chocolate."

La ceremonia de los espárragos es en sí misma tremendamente candente. Tomas uno con tus dedos desde la parte más dura, el extremo opuesto a la yema, y le dices a tu pareja que abra la boca para que lo devore poco a poco, a mordiscos, mientras lo sujetas hasta el final. Luego tu pareja hará lo mismo contigo. El tercer espárrago lo sujetarás con tu boca y él con la suya lo irá devorando hasta llegar a tus labios.

Las fresas con chocolate serán ofrecidas a mordisquitos de un amante a otro. La norma aquí es que jamás tomarás comida para ti sino para tu pareja, y viceversa. Los frutos secos es lo único que podrás llevar a tu propia boca alternándolos con los platillos entre plática y plática como para entretener el tiempo.

La bebida es aquí fundamental. Utilizarás vino cava, es lo mismo que el champán pero más asequible al no tener que pagar la denominación de origen francesa. Puedes utilizar los cavas españoles, que de hecho las compran los franceses para ponerles sus etiquetas porque venden en el mundo diez veces más de lo que producen. Están igualmente realizados con el método *champagnoise* inventado por el monje Dom Perignon que consiste en fermentar y producir el gas natural dentro de la propia botella, sin añadir ningún tipo de artificio. Los encontrarás de tipo dulce, semidulce, y seco (brut). Te recomendamos este último que está más depurado por haber fermentado la casi totalidad del azúcar y así evitarás dolores de cabeza al día siguiente. Encontrarás fácilmente de la marca Codorniú, Freixenet, Sala Vivé, etcétera. También los hay chilenos muy buenos y asequibles como el Concha y Toro espumante, pero recuerda que sea "brut" (seco). Eso sí, por favor compra dos copas, no lo sirvas en vasos, ni muchos menos desechables, porque arruinarías el encanto de la velada. Pueden ser copas estrechas y altas tipo tulipán o bien las de tallo y anchas tipo "seno de Elena de Troya", así se llaman porque dicen que su modelo se sacó exactamente del seno de la susodicha, que al parecer no estaba muy dotada. No cometas la locura de quitar las burbujas de la copa, es de mal gusto y destroza el efecto chispeante que hará en tu sangre este elíxir de la vida. Reserva una copa para después del sexo, tendrás sed tras el jadeo.

La habitación estará adornada con velas rojas sin aroma, recuerda que su perfume puede chocar con el de los alimentos. Lo que sí perfumará el cuarto será una varilla de incienso de canela que habrás prendido con cierta antelación.

En tu cuerpo unas gotas de aceite esencial de bergamota muy bien diluido, únicamente en aquellos puntos donde late el pulso: centro del pecho, cara interior de las muñecas, laterales de la garganta y cara interna de los tobillos.

Para la música de la velada busca una pieza de música árabe que recuerde las *Mil y una noches*, de fondo suave desde el inicio y durante todo el tiempo.

No decores el cuarto como noche de harén, prefiero que los elementos sean contrastantes y de muchas procedencias diferentes. Recuerda que lo que estamos buscando es mejorar la rutina, y nada de lo que estás haciendo esta noche lo haces habitualmente, todo es nuevo y genera sensaciones poderosas en los cinco sentidos para despertar el duende dormido de la novedad en tu vida monótona.

CONVERSACIÓN

Habla de la rutina que carcome lo días, de la necesidad de recibir sensaciones nuevas cambiando la situación en vez de cambiar la pareja como hacen muchos y muchas. Pregúntale a tu pareja qué locuras soñaba hacer él cuando era un jovencito, cuéntale de tus sueños de viajes, aventuras, personajes heróicos, etcétera. Sé complice de los sueños del otro y trata de involucrarlo en los tuyos.

Hagan juntos una lista de cosas rutinarias sin sentido y maniáticas que hacen repetidamente todos los días. Elaboren juntos otra lista paralela de alternativas para hacer las cosas diferentes a partir de mañana mismo.

Crea desde aquí la complicidad secreta con tu pareja de ponerse a ustedes mismos nombres distintos de los que realmente tienen como clave para recordarse cada día el uno al otro cuando estén siendo aburridos. Deja que él invente un nombre para ti, y tú para él. Ojo, busca un nombre divertido de algún personaje de ficción, no le vayas a poner el nombre de un novio que tuviste, el de tu abuelo o el de alguna persona reconocible, mejor que sea mítico o inventado como si de un ser nuevo se tratara, el ser que nace esta noche entre tus brazos.

TAREA ERÓTICA

Hoy harás el amor en el piso, nada de cama. Esta sábana que hace las veces de mantel será el lecho perfecto de la gula y la lujuria a un tiempo. Antes de lo que imaginas la ceremonia de ofrecerse los espárragos y mordisquear las fresas dará paso a otro tipo de caricias.

No trates de lavarte a cada rato, déjate embarrar por los placeres conjugados de la mesa y el erotismo, no te preocupes de más en esta noche.

Ahora susúrrale al oído el nombre inventado que le pusiste a tu pareja cada vez que le vayas a hacer algo. Pero además ese "algo" será cualquier caricia que no hagas normalmente, cualquier posición que no acostumbres, incluso tus gemidos serán totalmente distintos a los que acostumbras, como si fueras otra persona.

DESPERTAR

Susurra al oído de tu pareja el nombre secreto que le pusiste anoche, recuérdale el tuyo y luego sella con un beso este secreto, esta palabra clave que será sólo utilizada entre ustedes cada vez que alguno de los dos acuse que se los come la rutina.

Efectos químicos de esta noche

Cada ingrediente importa por sí mismo pero sobre todo en conjunción con los demás. Todo está pensado para que la ceremonia de esta noche mejore la sensación de rutina que los invade, para celebrar los cambios que encienden la pólvora erótica y psicológica en sus vidas. Recuerda que importa la cena, pero también el ambiente, la conversación, el juego erótico, la música, la luz, los aromas y el despertar. No está de más que conozcas algunos de los efectos de las sustancias que estamos utilizando esta noche. Consulta más detalles de estos y otras sustancias en el anexo "Diccionario de Afrodisíacos" que encontrarás al final de este libro.

El *champagne*, la champaña o el champán es un vino elaborado en la región francesa del mismo nombre con un método peculiar de fermentación en la propia botella. Está asociado desde su invención a las noches de amor y a la seducción, erótico al fin como todo lo inventado por los monjes en sus horas de clausura, y ésto no podía ser una excepción. Rechaza aquellos vinos que llevan gas añadido posteriormente y no han sido realizados en cava.

La canela aunque esté presente en casi todos los hogares es rara vez conocida por su efecto afrodisíaco, lo tiene muy potente. El Antiguo Testamento menciona la canela como estimulante sexual y símbolo de fertilidad en "El Cantar de los Cantares" escrito por el Rey Salomón. Hoy lo utilizarás como varilla para perfumar la estancia.

La bergamota que usarás como aceite esencial para perfumar tu cuerpo tiene un efecto tremendamente potente sobre el erotismo, y ello no es por su nombre que recuerda tanto al pene como a la marihuana, nada que ver.

Los árabes recomiendan un plato diario de espárragos para tener una excelente vida sexual a cualquier edad: "hacen que el miembro viril esté alerta noche y día", y ello más allá de su apariencia fálica que en sí misma es morbosa, mucho más aún con la manera de comerlos que emplearemos esta noche. Para los romanos, los espárragos "provocan manifiestamente a Venus" y teniendo en cuenta que ella es la diosa del amor, pues todo lo demás está dicho.

El epazote es el brujo de las magias sexuales más lucidas de la cocina prehispánica y, fuera de México, existe en muy pocos lugares. Es de la familia de las mentas y hierbabuenas compartiendo con ellas sus efectos afrodisíacos, pero de mayor potencia aún y sobre todo combinada con los ingredientes perfectos, como es el caso de esta noche y de otra receta que tendrás en este libro con la sopa de flor de calabaza.

Las fresas recuerdan directamente al sexo femenino en su textura, además sus ácidos y su dulzor simultáneo estimulan las papilas gustativas y los sistemas hormonales que producen directamente lubricación de los genitales. Pero todo ello se multiplica por mil al combinarlas con el rey de los reyes del erotismo gastronómico: el chocolate.

El chocolate procede del *cacaotl* llevado de América a Europa durante la conquista. Su efecto excitante es tal que durante el siglo XVII estaba prohibido su consumo a los monjes franceses porque con él les resultaba imposible cumplir con su voto de castidad. Verás que esto ha pasado sucesivas veces en la historia con potentes ingredientes afrodisíacos, y por lo tanto constituyen una buena recomendación para ser empleados. El chocolate contiene altas dosis de cafeína, un estimulante llamado theobromina y también feniletilamina, una sustancia similar a las anfetaminas que produce una estimulación semejante a los altibajos emocionales del enamoramiento. Por todo ello hay personas literalmente adictas al chocolate.

Las nueces por su parte son utilizadas desde los antiguos romanos en todos los ritos de fertilidad, que en su caso eran realmente ritos de potencia sexual masculina más que reproductivos, pero así les llamaban para disimular el verdadero asunto del que se trataba. Con nueces se han elaborado desde la antigüedad los mejores filtros de amor para las noches de bodas y para convencer al amante.

Del ajo puedes ver los efectos en la Noche número 1 de este libro. Por su parte el aceite de oliva y el limón permitirán que todos los ingredientes activos de la cena se disuelvan para penetrar en tu sangre y favorezcan el efecto deseado: mejorar la rutina. ¡Buena suerte!

Noche

Mejorar...
las quejas

Uno de los problemas más frecuentes que acusan las parejas son las quejas. Vivir quejándose, de todo y por todo, a todas horas. Nos quejamos de que es lunes y hay que ir a trabajar, pero también si es domingo y no nos dejan dormir, o suena el teléfono o molestan los niños. Nos quejamos de ser ama de casa pero también de buscar el sueldo afuera. Nos quejamos si el trabajo está mal pagado y es monótono, pero también si obtenemos dinero a cambio de muchas responsabilidades. Nos quejamos si hace frío, si hace calor, si los niños son vagos o demasiado estudiosos y no juegan, si comemos demasiado o si estamos a dieta, si tenemos suegra o si no la tenemos para que nos ayude con la familia.

La queja es un enemigo de la felicidad. Se empieza poco a poco y acaba uno quejándose como una manera de vivir, de malvivir mejor dicho, porque todos terminamos siendo desgraciados sin saber por qué, gratuitamente y sin sentido. Recuerda de ver el vaso medio lleno que nos da alegría por lo que tenemos o verlo medio vacío que nos sumerge en un drama por la mitad que nos falta, es el mismo vaso. Ya sabes: "Nada es verdad ni es mentira, todo es según el color del cristal con que se mira."

En la cultura oriental se sabe desde tiempo inmemorial que nombrar lo negativo genera malas vibraciones en nuestro entorno y propicia los desastres en cadena; por el contrario cargarse de positivismo genera una onda expansiva del mismo signo que propicia cosas favorables. Para occidente esto no pasó de ser un mito por muchos años.

En cambio ahora los recientes descubrimientos científicos acerca del funcionamiento cerebral corroboran esta hipótesis y la convierten en un hecho. En efecto, los pensamientos positivos generan no sólo armonía bioquímica en el organismo sino que además elevan las defensas y sirven para ganar terreno incluso a la enfermedad. Esto se ha comprobado en la recuperación de enfermos de cáncer que, cuando tienen deseos intensos de vivir y proyectos positivos llegan a frenar significativamente el avance del proceso maligno. En cambio cuando la persona está deprimida y negativa parece que todo el organismo se da por vencido.

Por todo ello la negatividad en nuestra vida cotidiana, la queja de señalar sólo los desastres en la casa o en la pareja, únicamente trae consigo desazón y más desastres en cadena. Apliquemos la teoría del otro lado: señalar lo positivo de nuestra vida; fijarse en los motivos estimulantes —que siempre los hay— propicia una armonía en la que los problemas empiezan a solucionarse y las personas a estar mucho más cercanas a la felicidad.

Aquí no te vamos a cambiar la vida pero sí tu manera de verla. Hoy aprenderemos a gozar de lo que tenemos como un regalo del cielo en lugar de mencionar permanentemente lo que nos falta. Manos a la obra.

Necesitarás

Además de los ingredientes de la cena que verás en el siguiente apartado, vas a necesitar:

1 botella de licor de damiana de Baja California.

2 copas chicas.

Una tela o mantel rojo, liso, para cubrir la mesa.

2 servilletas de tela blancas, lisas.

Cuentas de vidrio de diversos colores.

Un candelabro de dos brazos.

2 velas blancas sin aroma.

Unas hojas de helecho.

4 platos blancos sin dibujos.

1 varilla de sándalo, aceite esencial de rosas.

1 *casette* o CD de jazz.

1 mascada violeta.

Muchos espejos de pared, todos los que seas capaz de recolectar por la casa, comprando más o pidiéndolos prestados a tus amistades.

Cena

Esta noche será de diminutos bocados sin cubiertos, apenas dos platillos diferentes que te hagan saborear el paraíso. Los ingredientes son importantes, síguelos rigurosamente. Es laborioso, hay mucho trabajo por delante.

Plato1: Beso de Bienvenida.

Canapé de obscenos pimientos erotizados con lúbricas anchoas sobre una cama de tentador kiwi.

Necesitarás:

> 1 lata chica de pimientos rojos morrones asados y enteros (si son de la variedad "del piquillo" mucho mejor, porque son más finos).
>
> 1 lata de anchoas en aceite de olivo, te recomiendo las marroquíes o españolas, porque si son rasposas molestarán las espinitas en la boca.
>
> 1 kiwi fresco.

Lo vas a elaborar todo en frío y sin fuego. Corta los pimientos en tiras delgadas. Revuélvelo cuidadosamente sin machacar con las anchoas y la mitad del aceite de su lata para que tomen sabor conjunto y déjalo reposar por 15 minutos. Monta esta mezcla bien escurrida sobre 4 rodajas gruesas de kiwi ya pelado.

Plato 2: Lengua Íntima.

Canapé de hongo silvestre y caracol erótico sobre cama de mantequilla al ajo, rociado con vinagreta al eneldo.

Necesitarás:

> 100 gr de hongos silvestres enteros de los de corona hueca (si no es temporada puede ser champiñón).

1 lata chica de caracol francés sin concha (*escargots*).

4 rebanadas de pan de baguette o bolillo.

50 gr de mantequilla.

1 diente de ajo.

1 botellita de vinagre de vino blanco.

1 chorro de jerez seco (ojo, que no sea dulce).

1 ramo de hojas de eneldo.

1 chorrito de aceite de olivo virgen y un poco de sal marina de grano.

Prepara la víspera el vinagre poniendo a macerar abundantes hojas de eneldo dentro de él, agítalo y guárdalo hasta el día siguiente en un lugar oscuro y templado (no frío). Ya el mismo día pon a remojar los hongos durante unos minutos y repásalos cuidadosamente a mano para quitarles la tierrita. Luego separa cuidadosamente los tallos desde su raíz (aquí no se usan) de modo que te quede una ollita hueca en cada sombrerito del hongo, enteritos y sin romper lo más mínimo el contorno. Repártelos uno a uno bien separados sin amontonar en una charola de horno con la parte hueca hacia arriba. En su interior echa sal marina y un chorrito de jerez hasta llenar cada cazoleta, y los metes así al horno previamente caliente (160° C) durante 10 minutos. Después sácalos y pon un caracol enterito dentro de cada hongo. Ahora corta cuatro rodajas gruesas de pan, úntalas con mantequilla y ajo muy picado, y tuéstalas. Ya frías, monta uno o dos champiñones sobre ellas (depende del tamaño) enteritos y boca arriba en cada rebanada. El vinagre que dejaste macerando ayer júntalo con el aceite de olivo y agítalo todo en un frasco cerrado hasta que emulsione y forme un fluido espesito. Al momento de servir rocíalos con esta vinagreta (sin hojas) que habrás templado ligeramente después de agitarla.

La bebida de hoy será licor de damiana. Esta bebida es un afrodisíaco mexicano único en el mundo. Está hecho con la hierba damiana de Baja California, diferente a otras damianas de otras regiones que no tienen estas propiedades. Lo encontrarás en las licorerías tradicionales que están bien surtidas, no es fácil hallarlo en cualquier sitio. La botella la puedes poner sobre la mesa porque es bellísima, se trata de la figura de una gordita panzona, transparente, rellena del elíxir amarillo. Dos copas y beberlo con mesura. Esta cena no requerirá de mucho volumen de líquidos porque es breve.

AMBIENTE

Cubre la mesa con una tela roja, lisa y sin dibujos. Usa platos blancos sin dibujo y servilletas de tela blanca. No hacen falta cubiertos. Esparce por la mesa cuentas de vidrio de colores que encontrarás fácilmente en cualquier mercado y unos cuantos helechos, de hojarasca verde, sin flores ya que los platillos son suficientemente coloridos para embellecer la mesa. Puedes servir todo al tiempo de modo que no tengas que levantarte de la mesa y disfrutar lentamente cada bocado, muy breve, pero de eso se trata. Ilumina con un candelabro de dos brazos que contenga dos velas blancas, naturales y sin aroma.

Por su parte el cuarto estará previamente preparado para que puedas acudir en cualquier momento. Ambientado con una varilla de incienso de sándalo que vaya impregnando su aroma por la estancia. Y eso sí, espejos, muchos espejos por todos los sitios. Recurre a descolgar todos los que tengas por la casa, del baño, del closet, pídelos prestados si hace falta, compra alguno barato y ensaya previamente que ofrezcan buenos ángulos desde la cama, si es necesario coloca alguno encima de una silla o de un mueble, todos los que puedas, mientras más tengas, mejor.

Para perfumarte utiliza aceite esencial bien diluido de rosas, ya lo sabes, en puntos estratégicos de toda tu anatomía, de la cabeza a los pies y sin abusar de ello.

Como música de fondo busca una pieza de jazz en la cena, misma que subirás al cuarto para rematar la velada. Te recomiendo por ejemplo algo de Billie Holiday que encontrarás con facilidad, en especial un disco llamado *The man in love*.

Ilumina el cuarto poniendo una mascada violeta sobre la lamparita de mesa con cuidado de que la tela no toque el foco. Podrá servir para ello cualquier tela de estas tonalidades que deje pasar la luz.

Conversación

Juntos harán una doble lista. Por un lado las cosas de las que se quejan a diario. Es difícil que uno mismo las reconozca pero para ello está la pareja. Tú recordarás de qué se queja él y viceversa. Ahora confeccionarán una lista paralela con los motivos sobre los qué alegrarse en cada uno de los temas. Por ejemplo ante la queja: "qué frío hace" escribimos la celebración: "qué rico estar en la cama bajo la cobija, juntitos", etcétera. Elabora una doble lista de por lo menos diez temas, aunque si te empeñas puedes llegar con facilidad a veinte o 30 porque descubrirás que ustedes se quejan de todo y por todo de la mañana a la noche. Ríanse juntos de esta manera tan absurda de ver la vida y trabajen en otras tantas versiones positivas, que las hay, te lo aseguro. Menciona tu cuerpo y el de tu pareja bajo este prisma, las cosas del mismo que no te gustan y en la otra lista las cosas hermosas que amas de tu propia anatomía. Haz lo mismo con temas como la casa, el dinero, los hijos, la familia política, el tiempo libre, los horarios, etcétera. Al principio te resultará complicado porque ustedes no tienen la costumbre de ver las cosas con optimismo, sólo la inercia de quejarse. Pero verás cómo poco a poco van a divertirse viéndose a ustedes mismos como los pesimistas de su propia existencia. Una vez que empieces a descubrir el primer dato positivo, los demás vendrán solos, merece la pena el esfuerzo.

La conversación ha de rematar anotando la alegría de algo erótico del cuerpo de tu pareja: "Qué bien me hace sentir el olor de tu piel que conozco", por ejemplo.

Cada vez que dudes repara tu vista en los vidrios de colores que hay esparcidos por la mesa: "...el color del cristal con que se mira." Esto son sólo ideas, la acción es tuya. Y empezarán los besos para irnos a la recámara.

TAREA ERÓTICA

Hoy harás el amor rodeada de espejos por todos lados, deleitándote en cada pose que ustedes hagan, recordando a tu pareja lo bien que se ven juntos, que parecen actores de película erótica. Hoy disfrutarán de verse a sí mismos porque parecían haberlo olvidado en su queja permanente. En la imagen que reciben tus ojos hay muchos motivos para alegrarse, lo que pasa es que no te habías fijado.

Realiza todas las posturas que apetezcas, los espejos les devolverán su imagen multiplicada como si el espacio fuera mucho más grande y sus dos cuerpos muchos cuerpos. Deléitate lentamente en tu propio erotismo reflejado, observa también con detalle a tu pareja. No temas a posar tu mirada sobre detalles íntimos en el espejo que rara vez tienes ocasión de observar, hay una gran belleza en ellos. Invita a tu pareja a que miren también juntos y, según se observan, intenten nuevas cosas fijándose en el espejo, de seguro descubrirán alguna novedad no intentada hasta ahora.

Para que esta tarea salga bien es indispensable contar con la luz matizada de la mascada. Si la luz fuera fuerte o blanca sólo se resaltarían los defectos. En cambio de esta manera la escena adquirirá unos matices bellos y sutiles que favorecerán tremendamente los cuerpos y las escenas. Ésto ayudará también a superar el pudor que tienen algunas mujeres para desnudarse y dejarse ver sin temores.

DESPERTAR

Pon boca abajo todos los espejos antes de que tu pareja despierte. Las fachas en las que ustedes quedaron de la noche anterior no son una buena manera de empezar el día. Mejor cierra los ojos y recuerda aquellas imágenes eróticas. Tu cuarto huele a sexo, aspira profundamente. Ahora despierta a tu pareja con una caricia suave en sus genitales y dile al oído: "Yo me quejo de que otras personas no tengan tanta suerte como yo al tener esto."

EFECTOS QUÍMICOS DE ESTA NOCHE

Cada ingrediente importa por sí mismo pero sobre todo en conjunción con los demás para lograr unas emociones bioquímicas básicas que permitan mejorar la inercia de quejarse en vez de disfrutar. Si precisas ampliar datos o recurrir a algún otro ingrediente puedes consultar el "Diccionario de Afrodisíacos" al final del libro.

La damiana de Baja California es una hierba con tremendas propiedades afrodisíacas, muy diferente de la damiana habitual de otras regiones; en este caso la de Estados Unidos no te servirá para este fin. En México se elabora una bebida con ella que es poco conocida pero que merecería premio internacional por sus componentes. Para mi gusto está demasiado dulce pero en cambio el diseño de la botella es extraordinario: una gordita panzona desnuda. En Baja California acostumbran a tomar la damiana en té o a ponerle piquetes de la misma al tequila o a cualquier plato que se les ocurra. Aquí la beberás esta noche.

Las cuentas de vidrio tienen un valor simbólico y óptico para ver la vida de otra manera: "Nada es verdad ni es mentira, todo es según el color del cristal con que se mira."

El sándalo que perfumará la estancia es una aroma que favorece los estados mentales de paz y comunicación. Se utiliza para la meditación en todas las culturas orientales y en los templos tanto budistas como hinduistas.

Cleopatra acostumbraba caminar sobre una alfombra de rosas que le cubría hasta el tobillo para absorber su esencia a través de las plantas de los pies. Los romanos por su parte bebían vino de rosas por sus propiedades tonificantes. Hoy utilizarás las rosas como aceite esencial para perfumar tu cuerpo.

El pimiento que vamos a utilizar en la cena comparte propiedades afrodisíacas con todos los chiles, el ají y muchos otros nombres que se les da en América Latina. En el caso del morrón o del piquillo vamos a encontrar un componente ligeramente dulce en vez del picante, lo cual favorece los propósitos de esta noche. El picor o dulzor depende de las tierras donde se siembren y el riego que se da a idénticas semillas.

Las anchoas en salazón, en lata, como las usarás esta noche, son empleadas desde la antigüedad como tesoro afrodisíaco de los pueblos costeros de iberos, celtas y cartagineses. Además de su sabor marino, su forma fálica no es nada despreciable.

El kiwi es actualmente motivo de investigación mundial porque cada día que pasa se le descubren nuevos efectos positivos sobre la salud: anticolesterol, antioxidante, elimina radicales libres, tonificante, fortificante, depurativo de la sangre, riquísimo en vitamina C para piel y mucosas, estimulante del apetito sexual en hombres y mujeres, etcétera. El más común es el de carne verde que ya posee todos estos beneficios, pero si quieres ser aún más exigente busca el kiwi "golden" o dorado, con carne de color amarillo que es más difícil de encontrar pero que ya roza el sabor del néctar de los dioses.

De los hongos lo hemos comentado en otra de las noches al hablar de la sopa con flor de calabaza.

En la antigua Roma acostumbraban comer caracoles antes de una noche de amor. Se sumergían vivos en leche, luego se capeaban con harina de trigo y se asaban con pimienta y comino. Hoy en día sabemos que el efecto afrodisíaco de esta antigua receta pertenece exclusivamente al caracol, tal y como lo degustarás esta noche.

El eneldo pertenece a la planta *Anethum graveolens* y en Oriente se utiliza desde tiempo inmemorial para despertar el apetito sexual en hombres y mujeres.

Todo ello, unido a la luz violeta, te permitirá disfrutar intensamente esta noche para eliminar de tu vida las quejas.

NOCHE 4

MEJORAR...
LA OBSESIÓN POR EL DINERO

Dicen que "cuando la pobreza entra por la puerta, el amor sale por la ventana", que entonces se olvidan aquellas promesas iniciales de "contigo pan y cebolla". Y es cierto. Pero además de la pobreza literal, muchas parejas tienden a vivir en agobio económico permanente aunque tengan ingresos fijos que les permitirían respirar con una cierta dignidad. La obsesión por el dinero los hizo olvidar que en este mundo están juntos, sobre todo, para ser felices.

Las parejas discuten por dinero demasiadas veces. Uno opina que se debe de ahorrar y el otro que mejor gastar porque son cuatro días los que vamos a vivir. A uno le parece mejor endeudarse con un crédito de por vida para tener casa propia, y el otro sólo piensa en cambiar de coche. Uno quiere dar los mejores estudios a los hijos, y el otro piensa que mejor que aprendan a trabajar cuanto antes para defenderse por sí mismos. Uno quiere ir de vacaciones a la playa porque siente que necesita descanso, y el otro vive este gasto como un despilfarro innecesario. Qué decir del uso de la tarjeta, mejor ni nombrarla, o peor aún, cuando llega la cuenta del teléfono o la luz: alguien tuvo la culpa, y siempre es el otro.

Y así día tras día. La pareja, en vez de ser un refugio amoroso, se convierte en una sucursal bancaria donde sólo se discuten facturas, créditos, hipotecas y se busca un culpable. Es necesario romper este círculo vicioso para empezar a hablar de otra manera, como cómplices en lugar de como enemigos para afrontar la vida juntos, codo con codo. Y para ello tenemos esta noche especial donde la cena implicará gran lucimiento con muy poco gasto aun siendo afrodisíaca. Pero la verdadera sorpresa nos espera en la intimidad de la cama con un juego de impacto psicológico que nos permitirá retomar el lenguaje de la pareja de otra manera.

NECESITARÁS

Por supuesto los ingredientes de la cena que verás en el siguiente apartado, pero además:

Una tela amarilla luminosa, lisa, que cubra la mesa como un mantel, y 2 servilletas de la misma tela.

2 platos hondos o cuencos azul oscuro y 2 platos chicos del mismo color.

2 cucharas soperas y otras dos de postre.

2 vasos altos y dos copitas chicas.

Abundante sal marina de grano.

Un puñado de perlas blancas falsas que encontrarás en cualquier tienda de decoración para fiestas.

1 veladora roja, grande, y muchas veladoras blancas, chicas (de vasito).

1 pedazo de copal y un recipiente para quemarlo.

Dinero abundante de baja denominación, billetes y monedas en abundancia.

Agua de azahar.

1 *casette* o CD de música romántica de trío mexicano, puedes elegir tus piezas favoritas.

Una mascada de color verde que deje pasar la luz.

CENA
Flor caliente

Sopa afrodisíaca de flor de calabaza. Nieve de piña colada con miel de postre y clamato como bebida, rematado con un brindis de mezcal.

Necesitarás:

250 gr de flor de calabaza fresca.

250 gr de hongos frescos de tu preferencia (o champiñón fresco si no es época de otros hongos).

2 dientes de ajo.

° cebolla.

1 cubito de caldo de pollo.

2 chiles guajillos.

1 ramo de epazote fresco, aceite de maíz, sal fina y gruesa.

˘ kg de nieve de piña colada.

1 lata de piña en rebanadas.

2 cucharadas de miel.

1 lata chica de almejas.

1 caja de litro de jugo de tomate.

Un poco de pimienta negra.

Unas ramas de apio fresco.

Hielo.

Una botella de mezcal que te servirá para casi todo.

La sopa de hongos con flor de calabaza y epazote es un plato de la cocina mexicana completamente afrodisíaco en todos sus componentes. Aquí hemos creado algunas variantes en su preparación para potenciar el efecto de sus principios activos. Trata de hacerlo rigurosamente, no le vayas a añadir cosas por tu cuenta como queso porque arruinarías su efecto erótico. Para prepararla sofríes en un poquito de aceite de maíz la cebolla troceadita y los chiles en pedacitos, enseguida añades el ajo troceado. Cuando ya esté transparente la cebolla pones el fuego fuerte y le añades medio vasito de mezcal removiendo hasta que evapore el acohol. Luego añades los hongos previamente lavados con cuidado para eliminar la tierrita. Le agregas el cubo de caldo, el epazote y el agua. Cuando comience a hervir, bajas el fuego al mínimo, lo tapas y lo dejas por espacio de 20 minutos.

Tras la sopa irá el postre, aquí no hay plato intermedio. En este caso es tan fácil como servir para cada uno una bola de nieve de piña colada con una cucharada de miel por encima; adorna el plato poniendo a un costado media rebanada de piña.

Hoy la bebida de la cena forma parte de la cocina porque queremos tomar un clamato. Lo primero es preparar el vaso humedeciendo el borde y posarlo boca abajo en un plato hondo con sal para que quede recubierto de ella alrededor. Pon en el fondo de cada vaso una cucharadita de almejas y un chorrito de la propia agua de la lata que concentra todo su sabor. A continuación añades un chorrito de mezcal, luego el jugo de tomate (el mejor es el de tetrapak porque el natural se corta), lo rocías con una pizca de pimienta negra, un pellizquito de sal y colocas en el vaso una rama de apio que asome por el borde y sirva como agitador. Un par de hielos y listo. Esto conviene hacerlo al momento de servir la cena porque si no lucirá mustio y la sal del borde se deshace.

Tras la cena, sirve dos copitas de mezcal puro que te llevarás a la recámara para el encuentro erótico.

Ambiente

Cubre la mesa con el mantel amarillo y dos servilletas de tela haciendo juego. Presenta la sopa en sendos cuencos o platos hondos de color azul oscuro. El postre en dos platos chicos también azules. Sólo dos cucharas, la grande para la sopa y la pequeña para el postre, en esta mesa no hay tenedores ni cuchillos para la lucha. La bebida también es servida en un vaso alto para el clamato y una copita para el mezcal. Extiende sobre la mesa abundantes granos de sal marina gruesa y perlas, como si estuviera regado descuidadamente, de modo que cueste distinguir unas de otras porque son del mismo tono. Ilumina el centro con una gran veladora roja.

La recámara habrá de estar lista previamente. Ilumina el camino a tu cuarto con un sendero de veladoras blancas que

estén prendidas. Al destapar la cama habrá abundantes billetes y monedas de dinero extendidos por la sábana (pueden ser de baja denominación, lo importante es el símbolo).
Rodea tu lámpara de noche con una mascada traslúcida de
color verde. Aromatiza el cuarto con una piedra de copal
que previamente habrás dispuesto humeando.

Para perfumar tu cuerpo tendrás que hacer hoy alguna
maniobra especial. Utiliza agua de azahar. Pero te voy a
pedir además que introduzcas tus dedos al fondo de tu vagina de modo que se humecten con tus flujos vaginales, y a
continuación lo embarres tras los lóbulos de tus orejas, en
la nuca, en las axilas, en el pulso de las muñecas y en la
parte de atrás de tus rodillas. Si te sientes reseca piensa en
algo excitante para que tu vagina lubrique y produzca este
elíxir amoroso en cantidad suficiente, es apenas un ligero
toquecito de feromona natural lo que necesitas. Atrévete,
no tiene nada de malo y los resultados son excelentes para
lo que pretendemos esta noche.

Conversación

Podrás hablar de todo lo que tú quieras menos de dinero
durante la cena. El pacto que harán previamente es platicar
acerca de cualquier tema como si el dinero no existiera,
como si vivieran en un mundo en el que aún no se inventó
esta moneda de cambio que da valor a las cosas. Es decir
que con esta libertad de un mundo imaginario podrán pla-
near sin límite a la imaginación las próximas vacaciones,
los estudios de los hijos, su futuro juntos, las celebracio-
nes que hay por delante, etcétera. Recuerda que en todo
momento es un juego, díselo a tu pareja para que no le den

ataques de nervios al saber lo que proyectas, dile que deje volar su imaginación de igual manera.

Pero recuerda también que como el dinero no existe ni siquiera es necesario que las cosas con las que sueñas sean caras, en ese mundo no tendrían más valor que otras. Es decir que no te daría prestigio un carro más caro sino uno más útil, tampoco la ropa de marca sino la que más te guste por su tacto o la que más te abrigue, lo mismo con el paisaje, etcétera. Degusten lentamente la cena fabricando un mundo de maravillas juntos sin ponerse a juzgar las cuentas y, con un brindis, retírense amorosamente a la recámara.

TAREA ERÓTICA

La cama está llena de dinero esta noche. Aquí harán el amor sobre las monedas y billetes, arrugándolos con los cuerpos, aplastándolos literalmente como si fueran parte de la sábana. Pero hay algunas condiciones. ¿Recuerdas cuando jugabas Monopoly, Palé o Turista Mundial? El dinero era de juguete y servía para comprar casas, hoteles, calles, estaciones de ferrocarril, incluso barriadas enteras. Así jugaremos esta noche pero con el erotismo, con dinero de verdad como si fuera de juguete. Podrán hacerse todo tipo de caricias el uno al otro excepto la penetración, y todas tendrán un precio. Es decir que le podrás pedir a tu pareja que te acaricie aquí o te muerda allá, y él te responderá cuánto te cuesta eso, y viceversa. La cama es el banco único del que disponen por turnos. Tomarás de la sábana el dinero suficiente para pagarle lo convenido y se completará la caricia. El que lo recibe, lo aventará afuera del colchón sin preocuparse de dónde caiga. Así hasta agotar el dinero disponible. Finalmente, cuando no quede ni un centavo, podrán acceder al coito de penetración que ése sí es gratis, como el amor, como todo lo bueno de la vida y sobre una cama ya limpia. Como este momento lo has ido posponiendo, ambos llegarán al instante total e íntimo con muchas ganas y sin un centavo, arrojados todos los billetes fuera de la escena erótica.

DESPERTAR

Dile al oído a tu pareja: "Vales tu peso en oro, eres mi mayor tesoro." Pon un billete arrugado y estrujado sobre la tapa del excusado para que lo encuentre cuando vaya al baño en la mañana, te aseguro que habrá un gesto de sonrisa recordando el poco valor que tiene aquello y el mucho peso que tiene la relación entre ambos.

EFECTOS QUÍMICOS DE ESTA NOCHE

Todo está pensado para que actúe por sí mismo y en conjunción con los otros elementos. Puedes ampliar estos datos en el "Diccionario de Afrodisíacos" que encontrarás al final de este libro.

El hecho de perfumar tu cuerpo con jugos vaginales no es tan extravagante como podría parecerte en un primer momento. En el arte erótico chino los hombres buscaban su longevidad con una especie de vampirismo de estos jugos. Al practicar el *cunnilingus* (sexo oral a la mujer) trataban de absorber con su boca tanta esencia de la vagina como pudieran sin derramar ni una sola gota. De cualquier modo contiene feromonas, hormonas eróticas olfatorias que es lo que aquí nos interesa.

Las almejas, con las ostras, son los mariscos con mayores poderes afrodisíacos, y no los pierden por estar enlatadas, usa incluso un poquito del agua que traen para añadir a la bebida.

La flor de calabaza es despreciada en Europa y se tira a la basura como si fuera una hierba mala del fruto. En América se consume y es indudable su efecto estimulante sobre la libido.

El copal se utiliza en México en las ceremonias del Día de Muertos, pero esta noche lo vamos a emplear aquí porque tiene la propiedad de ponernos en comunicación con zonas más profundas y trascendentes de nuestra mente, con el más allá en lugar del más acá del dinero.

Las propiedades afrodisíacas y alimenticias de los hongos han costado la vida a los humanos desde tiempo inmemorial, y ello hasta ir descubriendo cuáles eran interesantes y cuáles mortales. Por ello te advertimos que no consumas hongos cuya procedencia no conozcas, pueden ser desde levemente tóxicos hasta letales. En cambio si son conocidos te regalarán toda su potencia en esta receta.

El epazote es otra hierba afrodisíaca que no encuentras en Europa. Aprovecha la abundancia mexicana de ella para darle ese toque personalísimo e inconfundible a la sopa de esta noche.

El mezcal es una bebida que produce unos efectos más cercanos a la psicodelia que el alcohol, porque contiene mescalina como principio activo, una droga muy buscada en la época del hippismo como alterador de conciencia. Hoy en día se consume como droga sintética, pero nada comparable a esta sustancia natural. Una bebida que favorece la comunicación y que no posee en absoluto la violencia etílica del tequila.

NOCHE

MEJORAR...
LOS CELOS

Los celos son una enfermedad llamada celotipia y nos cuesta entenderlo de esta manera. Al principio, en el noviazgo, nos halaga que nuestra pareja sea celosa en cierto grado porque, efectivamente, el deseo de poseer al otro en exclusiva forma parte del amor. Pero a veces las relaciones se enrarecen cuando uno empieza a sospechar del otro permanentemente, de sus gestos, de su mirada, de si viene tarde a casa o demasiado pronto, de su olor, de sus llamadas al teléfono, de sus bolsillos y de su agenda. Entonces los celos hacen imposible la vida de una pareja y si no le ponemos remedio llevan a la destrucción total de la misma. Quien siente los celos no es feliz porque se atormenta, y a su vez la víctima de los celos mucho menos puede gozar de la vida porque no hay conducta que no vaya a ser juzgada como algo sospechoso.

Esta noche el ejercicio no será para contentar a la persona celosa sino al revés, es decir que la persona enferma de celos será quien tenga que hacer todos los preparativos para salvarse a sí misma y de paso salvar su pareja. Hay bastante tarea por delante pero "el que algo quiere, algo le cuesta", como dice el antiguo proverbio. Manos a la obra.

NECESITARÁS

Por un lado los ingredientes para la cena que encontrarás detallados en el siguiente apartado, pero además:

1 rebozo en el que predomine el color malva o cualquier tono del violeta al morado.

2 tablas de madera como las de cortar en la cocina pero de aspecto agradable.

2 servilletas de tela blanca.

2 copas altas tipo flauta (como las de champán).

1 docena de violetas frescas.

Conchitas marinas decorativas.

4 veladoras grandes, moradas, sin perfume.

Un buen ramo de ruda.

Un poquito de alcohol.

Aceite esencial de hinojo.

1 toalla femenina.

Aceite de bebés.

1 mascada de color naranja que deje pasar la luz.

Música con sonido de olas marinas.

CENA

Plato principal: *El sabor de Tu Sexo.* Ostras salvajes baña-
das en deseo negro. De postre: *Llévame Contigo.* El postre
de los amantes con todos los placeres del Olimpo.

Necesitarás:

1 lata chica de huitlacoche.

6 ostiones de frasco (frescos, sin concha).

1 lata de gulas (son las falsas angulas de surimi, muy buenas y
económicas).

8 galletas saladas.

1 cuarto de cebolla morada.

1 diente de ajo.

1 chile serrano.

1 chorro de aceite de oliva y un poco de sal marina.

Para el postre:

° kg. de uva fina.

2 buñuelitos chicos de pastelería fina rellenos de crema pastele-
ra o de helado (cómpralos hechos, tipo profiteroles).

1 taza de chocolate líquido amargo.

Un poquito de papel de plata.

1 botella de sidra achampañada, de la de burbujas que recuerda
al champán, pero esta vez los jugos de este fruto nos darán la

combinación exacta del efecto químico que buscamos en tu autoestima.

Para preparar el plato principal primero pones a dorar en el sartén la cebolla, el ajo y el chile bien picaditos con un poquito de aceite de oliva. Cuando la cebolla se empiece a hacer transparente le añades el huitlacoche de la lata y la mitad de la lata de gulas. Remueves muy bien y lo dejas freír tapado a fuego lento por espacio de diez minutos. Luego lo pasas todo por la licuadora. Al momento de cenar pones un par de ostiones sobre cada galleta, crudos sin cocinar, y le viertes encima la salsa negra un poco templada pero no caliente. Por encima, adornas cada bocado con una gula enroscada formando un círculo y otra recta.

Para el postre simplemente rocías con el chocolate caliente los buñuelos rellenos que compraste en la pastelería. A un lado pones en cada plato un racimo de uvas sin desgranar con su rabito envuelto en papel de plata para que lo puedas agarrar por ahí, pero ¡ojo! no lo coman porque este racimo lo llevarás al cuarto para continuar la velada.

La bebida será sidra espumosa en toda la cena. No la sirvas en vasos, merece la pena hacerlo en dos copas estrechas y altas tipo flauta. Bebe mientras comes, pero reserva algo para llevarte a la recámara con las uvas.

AMBIENTE

Lo ideal sería servir esta cena sobre una mesa de madera, sin mantel. Únicamente utilizaremos lo que se conoce como "paso de mesa" que es una tela estrecha y larga que cruza la mesa de lado a lado entre ambos comensales sin cubrirla por completo. Servirá para ello un rebozo fino o cualquier tela que compres para ello que cumpla con estos requisitos. El color de esta noche será el malva, morado y violeta, en cualquiera de sus tonos. No harán falta platos sino tablitas de madera, sólamente dos, una para los ostiones y otra para los postres de modo que ustedes comerán en común de ambas. Tampoco hacen falta cubiertos, todo es con la mano. Acompáñalo de dos servilletas de tela blanca, lisas. Extiende por la mesa flores y pétalos de violetas, mismos que puedes combinar con cualquier otra flor de temporada que esté dentro de estos tonos. Entre ellas, regados distraídamente, unas conchas marinas que conseguirás con facilidad (que sean decorativas, no restos de comida por favor). Para iluminar utiliza cuatro veladoras moradas grandes.

El cuarto se complica esta noche porque quiero que únicamente tengas el colchón sobre el piso, sin base ni mueble de ningún tipo bajo el mismo. Lo que te sobre trata de hacerlo desaparecer momentáneamente para esta noche, llévalo a otro cuarto, a la cochera, a la azotea, a una bodega o de plano pídele a una amistad que te lo guarde hasta mañana. Reparte por la habitación en rincones estratégicos unos ramitos de ruda y sobre ella rocía alcohol para que vaya desprendiendo su aroma.

Perfuma tu cuerpo en puntos estratégicos donde late el pulso con aceite esencial de hinojo bien diluido, pero atención, desde la mañana anterior llevarás entre tus piernas una toalla femenina impregnada con esta esencia, misma que retirarás para la noche pero tus genitales quedarán íntimamente perfumados con ello, como hacían las antiguas egipcias.

Envuelve tu lámpara con una mascada de color naranja que deje pasar la luz, y no olvides ponerla a salvo del foco para evitar que con el calor se pueda prender.

La música para la velada y la recámara será con base en sonidos marinos, olas chocando sobre la costa. La puedes encontrar en las tiendas naturistas como método de relajación y para dejar viajar tu mente

CONVERSACIÓN

El tema de esta noche en la cena será acerca de quién eres tú y quiénes son los otros, las demás personas, no sólo las que te rodean sino las que existen en el mundo de tus competencias imaginarias, cuáles son las diferencias para tu pareja, por qué te eligió a ti en lugar de buscar en las otras o en los otros. Pídele que te haga una lista de aquellas cosas en las que tu pareja te considera mejor que al resto de los humanos, escríbelo. Dobla el papel y guárdalo en tu pecho junto a ti, mientras termina la plática. Haz lo mismo con tu pareja.

TAREA ERÓTICA

Hoy serás dos personas extremas en la misma noche. Primero utiliza los besos suaves, las caricias melosas, las palabras románticas al oído, tus dedos haciendo piojito sobre su cuero cabelludo. En un momento dado detén la ceremonia para actuar en el otro extremo. Pero como paso intermedio toma las uvas que trajiste de la cena, toma el racimo por su extremo y dáselas a morder a tu pareja directamente a la boca mientras haces lo mismo. Ahora es el momento de actuar. Cambia completamente de actitud, voltea a tu hombre boca abajo mientras mantienes una mano bajo su vientre en los genitales. Masajea su pene con movimientos circulares usando un lubricante (sirve aceite de bebés si no tienes otra cosa a la mano). Cuando veas que se excita lo suficiente, palpa profundamente con tus dedos hacia adentro en la parte de atrás de sus testículos, en el punto medio entre éstos y el ano. Verás cómo rápidamente arquea sus pies y tiene un orgasmo glorioso porque estás estimulando el Punto G masculino. Quedará impactado, y esta noche no necesitarás ni orgasmo propio porque con lo agradecido que estará ya tienes suficiente placer y autoestima hasta mañana. Y de ahí en adelante, ya verás.

DESPERTAR

Susurra al oído de tu pareja diciendo: "No disimules, sé que nadie te hace gozar como yo lo hice anoche." Sigue durmiendo un poquito más y simula que tú jamás dijiste semejante cosa.

EFECTOS QUÍMICOS DE ESTA NOCHE

Consulta al final de este libro el anexo "Diccionario de Afrodisíacos", ahí podrás comprobar los efectos por separado de cada uno de los ingredientes de esta velada, pero no olvides que la mayoría de ellos están diseñados para actuar conjuntamente y potenciar unos efectos o disminuir otros al reaccionar simultáneamente. Lo que buscamos es sacar de tu vida el demonio de los celos.

NOCHE

MEJORAR...
EL DRAMA

Muchas parejas son víctimas del dramatismo sin que en realidad haya un gran motivo para ello. Pudo haber un drama, como en todas las familias, pero a manera de vicio se acostumbraron a vivir en él sin volver a sonreír en ningún momento. Todo lo toman con solemnidad como si la vida fuera triste, como si se jugaran el porvenir en cada frase, en cada saludo. Y por supuesto no son felices.

Es un drama dar los buenos días porque otra jornada empieza en lugar de dar las gracias a la vida por el nuevo amanecer. Es un drama comer porque todo engorda o hace daño o no podemos permitirnos el platillo que nos gustaría, que siempre es otro desde luego porque de lo que se trata es de ser permanentemente desgraciados, con motivos o sin ellos. Son un drama los hijos porque siempre hay que preocuparse por algo. Es un drama la casa, y para ello no faltarán motivos que encontremos al buscar constantemente con obsesión melancólica. Es un drama el trabajo, por supuesto. Es un drama la noche porque no descansamos lo suficiente o ni siquiera dormimos de tan obsesionados que vivimos con ser desgraciados como forma de vida. Y un buen día ya no recordamos ni por qué tenemos siempre el gesto adusto, la cara de tragedia y se nos esfumó la sonrisa.

En el sexo desde luego las cosas no son mejores. Es un drama tener un orgasmo porque nos sentimos culpables, pero es igualmente un drama no tenerlo porque nos consideramos frígidas o impotentes. Es un drama decir lo que me gusta en la cama, y es un drama no poder decirlo. Es un drama ser eyaculador precoz, es un drama ponerle remedio. Es un drama tener ganas y un drama no tenerlas. Es un drama ser fiel porque nos privamos de otros cuerpos, es un drama la infidelidad porque nos ponemos los cuernos. ¿Verdad que así no se puede ser feliz? Desde luego que no.

De eso se trata el día de hoy, de volver a reír como cuando éramos niños, de volver a jugar, a alegrarnos de las cosas más sencillas, de recuperar ese sentido lúdico (del juego) que borró nuestra sonrisa con el tiempo. Hay trabajo por delante y la recompensa está garantizada. Manos a la obra.

Necesitarás

Por un lado los ingredientes de la cena que encontrarás detallados en el siguiente apartado. Pero además:

Un puñado de canicas de vidrio, de colores.

2 girasoles frescos con el tallo muy largo.

1 mantel o tela que cubra la mesa de color rosa mexicano.

Platos y vasos desechables de colores divertidos.

Popotes.

Cubiertos de plástico.

1 docena de globos de colores.

1 vela con perfume de fresa.

Colonia de bebé.

Música de Cri-Cri y vals de fiesta de xv años.

1 manguera de luz como las que se utilizan en Navidad para rodear el tronco de los árboles.

Fotos de la infancia y adolescencia de tu pareja y tuyas.

Cena
Hamburguesa del país de las maravillas
y de postre *Chocolate picante.*

Por supuesto que esta cena es afrodisíaca, pero eso no se ve. Lo que sí verás es un aspecto divertido en tu plato.

Necesitarás:

° kg de carne molida.

2 dientes de ajo.

2 huevos.

3 rebanadas de pan.

1 litro de leche entera.

2 chiles serranos.

Perejil.

Pimienta negra.

1 caja de puré de papa.

Un poquito de mantequilla.

Colorante verde para alimentos.

2 aceitunas verdes con hueso.

Un pimiento morrón rojo de lata.

Aceite de girasol.

Sal.

Para el postre:

1 tableta de chocolate dulce.

Un poco de salsa Tabasco.

˘ kg de nieve de coco.

Para la bebida:

4 piezas frescas de fruta maracuyá.

Agua purificada.

1 botella de Chartreusse.

Para preparar la hamburguesa primero la vamos a trabajar en crudo, con las manos bien limpias y metiendo los dedos a plenitud entre la carne, que es como debe hacerse verdaderamente, sin miedo. Sobre la carne molida echas un huevo batido crudo y lo mezclas muy bien amasando a mano. A continuación añades de igual manera las 3 rebanadas de pan previamente remojadas en leche y lo vuelves a amasar hasta que quede un todo compacto entre la carne molida y el pan desmigado. La leche, el huevo y el pan añaden textura a la mezcla creando la base para una hamburguesa jugosa como nunca la comiste, tierna y además divertida por lo que haremos a continuación. Añade ahora los ajos bien troceaditos lo mismo que el chile, la sal y la pimienta negra bien repartidos en la mezcla. Déjalo reposar por 15 minutos tapado con un paño para que agarre intensamente la consistencia y los sabores de la mezcla.

Mientras tanto preparas el puré de papa de caja añadiendo según las instrucciones un poco de leche, mantequilla, y como extra, pondrás el colorante para alimentos verde; éste no le da sabor, simplemente es una nota de color para los propósitos que tenemos esta noche. Lo dejas reposar y regresamos con nuestra carne molida.

Toma una buena cantidad de carne y la amasas entre las palmas de tus manos haciendo una bola compacta, apretándola y dándole vueltas hasta formar una especie de albóndiga. Cuando adquiera consistencia la aplanas con las palmas de tus manos desde el centro, dejando los rebordes gruesos para que luego en la fritura no se deforme. Repites la operación con la siguiente bola de carne y tendrás las dos hamburguesas listas para freír en sartén con un poco de aceite de girasol por ambas caras, en el punto de cocido en que ambos prefieran la carne.

Una vez fuera del sartén podrás decorarla sobre cada plato, y este punto es estratégico para el resultado que nos proponemos. Tendrás listo ya un huevo cocido que cortarás en rodajas de modo que en cada una de ellas quede el centro amarillo y la clara banca alrededor, separa 4 rodajas bien formadas porque con ellas pondrás dos ojitos a cada hamburguesa como si fuera una cara. Ahora la aceituna a modo de nariz y la boca será una tira de pimiento rojo a modo de gran sonrisa. Sobre la zona que sería la cabeza pon el puré de papa teñido de verde y dibuja con el tenedor una hermosa melena. Listo.

Efectivamente tu cena recuerda al menú infantil de aquellos días olvidados o que tal vez jamás existieron, pero recuerda que los ingredientes harán efecto en tu sangre y este juego no es de niños.

Para el postre las cosas subirán de tono con el chocolate picante. Puedes derretir en el horno de microondas durante tres minutos una tableta de chocolate dulce y una vez fuera lo bates con 20 gotas de salsa tabasco. Ahora dale una forma bonita en el molde que tu prefieras y métela al refrigerador por espacio de 1 hora. Preséntalo rodeado de nieve de coco.

La bebida que acompañará la cena es agua de maracuyá que podrás hacerla casera en la licuadora simplemente con esta fruta fresca de mercado y añadiéndole agua purificada. Pero para el postre servirás sendas copas de licor Chartreusse que es de color verde. Servirás otras dos extras para llevarte al cuarto.

AMBIENTE

Utiliza un mantel o una tela que compres para cubrir la mesa de color rosa mexicano. Por encima regarás canicas de vidrio de todos los colores que conseguirás con facilidad en cualquier mercado. Decora con un florero estrecho con los dos girasoles de tallo largo en la mesa, mejor aún si es de vidrio y puedes poner gelatina rosa dentro de él para que pese como base y no se vuelque. Esta noche y como excepción los platos y los vasos serán desechables, en los colores y decoraciones más divertidos que encuentres, lo mismo las servilletas. Los vasos de jugo frutal los beberás con popote y los cubiertos serán de plástico. El puré de papa que te sobre de la decoración sírvelo al centro de la mesa en un recipiente hondo y con dos cucharas en su interior, luego verás para qué sirven.

Utiliza música de Cri-Cri durante la cena y reserva una pieza de vals quinceañero para la habitación durante la escena erótica.

Prepara tu cuarto con globos de colores, muchos y variados, y trata de que tu pareja no entre hasta el final, queda de acuerdo para que no lo haga porque es una sorpresa. Pon la manguera de luz ubicada sobre algún mueble adecuado de tu recámara. Ahora sí deja perfumando previamente una vela con aroma intenso a fresa que inunde el cuarto. Tu cuerpo perfúmalo con una colonia de bebé, como las que se utilizan para los recién nacidos, y echa unas gotas del mismo en la almohada y las sábanas sin abusar de ello, basta con unos toques.

CONVERSACIÓN

Habla esta noche de la infancia de ambos, trata de recordar cómo eran de niños, su alegría y su inocencia. Cuenta tus propias historias de adolescencia y fomenta que tu pareja te cuente las suyas olvidando por un momento quiénes son ahora mismo y el lastre de preocupaciones que parecen llevar. Ten a la mano fotos de aquellos momentos, de tu infancia y de la de tu pareja. Deléitate observándolas, contando y escuchando las historias que sugieren cada una de las escenas. En un momento dado, inicia una batalla con el puré de papa y las cucharas a modo de catapultas, una guerra de comida digna de los mejores años de la infancia, no te preocupes del aspecto ni de las manchas, hoy hay que divertirse, mañana será otro día. Remata con un beso apasionado en la boca, de "a tornillo" como aquellos primeros besos de la boca fresca y... a la recámara.

Tarea erótica

Hoy el asunto es hacerse reír con los intentos eróticos, como cuando éramos niños y nos daba un ataque de risa porque el otro es torpe, porque se tropieza. Ambos se harán los tontos, los inexpertos. Te resbalas en las caricias, te caes de la cama, te das contra el cabecero, la piecera o la pared, no pueden penetrar, se atragantan de tos al besarse, les dan ganas de ir al baño en el momento más inoportuno, etcétera. Se trata de lograr la risa, esa risa amiga que nos devuelve el placer de vivir, despertar ese niño dormido que todos llevamos dentro. No te preocupes que, aunque parezca que nada sale bien, te aseguro que saldrá mejor que bien esta noche, tal vez mejor que nunca, puedes estar seguro.

Despertar

Dile al oído a tu pareja: "Qué bueno que crecí para estar contigo, pero quiero seguir riendo junto a ti toda la vida." Simula un estornudo y pide un pañuelo de papel con urgencia. Luego lo tiras sin usar y lo vuelves a besar profunda y apasionadamente.

Efectos químicos de esta noche

Para saber los efectos de los ingredientes empleados en esta velada consulta al final de este libro el anexo "Diccionario de Afrodisíacos". Sin embargo aquí está diseñado un todo para que interactúen los ingredientes conjuntamente de modo que favorezcan una situación en pareja que ayude a eliminar el sentido dramático de tus días.

NOCHE

MEJORAR...
EL REPARTO DE TAREAS

Repartir el trabajo de una familia entre el hombre y la mujer no sólo es aconsejable sino necesario en estos tiempos. En muchas parejas este asunto es motivo de discusión permanente, por el reparto injusto de responsabilidades y tareas. La pareja tiene problemas una y otra vez por este asunto, cambian las cosas apenas unos días y luego vuelta a lo mismo. Tenemos ideas ancestrales de lo que debe hacer una mujer y lo que debe hacer un hombre que pesan en nuestras tradiciones, sin pararnos a pensar que son normas de funcionamiento que sirvieron para un mundo que ya no es éste.

Antes de la invención de los anticonceptivos la mujer era un ser que, una vez casada, posiblemente estuviera embarazada o amamantando el resto de su vida fértil. El hombre, libre de esas ataduras biológicas, se dedicaba a proveer, a traer dinero o alimento a la casa. Él gobernaba el mundo exterior, ella el mundo interior, el doméstico.

Actualmente una pareja tiene una media de dos hijos en su vida. Paralelamente la mujer se ha ido incorporando al mundo del trabajo fuera del hogar. Por tanto, al llegar a la casa, hay una serie de tareas que no pueden seguir siendo responsabilidad sólo de ella sino que deben de ser compartidas. Pero a muchos hombres esto no les entra en la cabeza. Creen que cocinar, lavar, planchar, a cuidar los hijos o llevarlos al médico es algo inherente a la mujer, que ellos no pueden o no deben hacerlo, como si por ello su virilidad se viniera abajo.

No hay que confundir las cuestiones biológicas con los asuntos de género. Biológicamente hombre y mujer son diferentes. Todo aquello que se realice con el pene sólo lo podrá hacer un varón. De igual manera todo aquello que requiera de un útero, de la vagina o de los senos será tarea femenina. Pero es que las cuestiones de género no son biológicas sino simplemente costumbres, cultura de un espacio y un tiempo que puede ser cambiada para adecuarla al espacio y al tiempo presentes. Cocinar no requiere de genitales femeninos, se hace con las manos. Limpiar, exactamente igual. Atender el cuidado de los hijos se aprende, tampoco ella nació sabiéndolo. Por tanto lo puede hacer cualquiera de los dos sin que dependa de las hormonas.

Pero lo mismo podemos decir de las mujeres que se creen con derecho por naturaleza a ser mantenidas, cubiertas de joyas y obsequiadas permanentemente. Esto no es cierto por ninguna razón biológica. La mujer también puede y debe tomar responsabilidades en el mundo exterior, desde proveer dinero a la casa hasta llevar las finanzas.

Si no revisamos estos aspectos nos seguiremos encontrando con mujeres que hacen una jornada laboral fuera de la casa y, al llegar, tienen doble y triple jornada porque no descansan nunca. Las tareas repartidas son más justas pero además unen a la pareja en una empresa vital que es la que han decidido desarrollar juntos. Esta noche pondremos en marcha mecanismos para que de aquí en adelante sea más parejo y divertido el manejo del hogar.

Necesitarás

Por supuesto los ingredientes de la cena que verás en el siguiente apartado. Pero además:

1 mantel o tela para cubrir la mesa de color verde y dos servilletas que hagan juego.

2 tablitas de madera como las que se usan en cocina.

2 velas anchas verdes y sin perfume.

2 vasos grandes como para servir granizado.

Un cd o *casette* de *Las cuatro estaciones* de Vivaldi.

Una ampolleta de ginseng líquido.

2 delantales de cocina.

Cena
Mordiscos de Mar y Tierra.

Camarones envueltos en tocino con soya y verbena, acompañados de papas salvajes. Esta noche conjugaremos los elementos afrodisíacos de dos mundos que normalmente están separados: el mar y la tierra, tal y como tiene que ocurrir en tu pareja para que ambos ensamblados produzcan un todo común.

Necesitarás:

6 camarones grandes sin cabeza, tipo "jumbo" o por lo menos U10 (cuanto más bajo es el número de esta clasificación, más grande es el camarón).

6 tiras de tocino de cerdo con abundante veta de jamón para que no sea excesivamente grasoso.

Palillos de mesa.

Un poquito de la hierba llamada verbena.

Salsa de soya.

˘ kg de papas cambray, de las más chiquitas que encuentres, que sean de bocado para llevarlas a la boca enteras.

Mayonesa.

Salsa mostaza tipo Dijón.

Chile piquín.

Un chorrito de vinagre.

Una naranja.

Hielo.

2 bolsitas de té negro.

1 botella de vermouth rojo.

Para elaborar las papas bastará hervirlas en una olla bien cubiertas de agua (no olvides lavarlas primero para quitar restos de tierra o insecticidas). Estarán listas cuando puedas pincharlas con una varilla y ésta salga con facilidad. Echa al agua un chorrito de vinagre para mejorar su consistencia. La salsa para acompañarlas es fácil de preparar: añade a la mayonesa de frasco 2 cucharadas de salsa mostaza y bátelo conjuntamente. Cubre con ella las papas y espolvorea por encima chile piquín como adorno.

Mientras se cuecen las papas puedes ir preparando los camarones. Quítales la piel en crudo cuidando que las colitas luzcan enteras y déjalas remojar 15 minutos en salsa de soya con el jugo de una naranja exprimida. Luego los escurres y espolvoreas por encima la verbena. Ahora vas a envolver cada camarón con un filetito de tocino, en espiral de arriba abajo hasta cubrirlo totalmente; si es necesario sujeta el extremo con un palillo para que no se desenrolle. Puedes asarlos en la plancha hasta que veas el tocino tostadito. No será necesario ningún aceite porque ello lleva su propia grasa, ni tampoco sal porque ya va sazonado con el propio tocino y con la soya. El punto ideal es con el centro del camarón aún un poquito crudo para que aproveches sus efectos afrodisíacos al máximo.

Para beber esta noche utilizaremos té helado, pero no de los refrescos embotellados, sino casero. Haz un té negro como lo harías normalmente, pero sin azúcar y luego sírvelo en los vasos con hielo granizado, Si no tienes trituradora para el hielo, puedes moler los cubitos envolviéndolos en una servilleta y golpeándolos con un martillo. Sírvelo en vasos muy grandes, repletos de hielo y añádeles un buen chorro de vermouth rojo que encontrarás en cualquier licorería.

Ambiente

Utiliza un mantel o tela de color verde intenso que cubra la mesa, del tono que recuerda al pasto y a la naturaleza, y lo mismo dos servilletas de idéntica tela.

Esta noche en vez de platos vas a servir la comida en dos tablitas de madera, como las que se utilizan en cocina para cortar verduras. Primero, en una de ellas tendrás servidos los seis camarones y esta tablita la pondrás frente a ti a modo de plato personal. En la otra estarán las papas con su salsita por encima y se las pondrás a él como si fuera su plato. Aunque esto parezca absurdo, no te preocupes, que una vez sentados a la mesa cambiaremos las cosas, deja que se sorprenda por esta extraña distribución de los alimentos.

Coloca 4 cartelitos hechos a mano junto a los platos. Dos de ellos dirán:

"Mordiscos de Mar y Tierra" (ambos junto a tu plato). Los otros dos dirán "Papas Salvajes" (ambos los colocas junto a su plato).

Ilumina la mesa con dos velas anchas de color verde, sin aroma, pero colócalas también junto a ti de modo que no iluminen en absoluto el plato de tu pareja. Luego verás por qué.

Los vasos de la bebida los pones de manera normal, uno para cada uno, lo mismo que las servilletas y los cubiertos.

Como música utiliza *Las cuatro estaciones* de Vivaldi. Los cambios que va haciendo con el ritmo de las estaciones propiciarán el avance de la velada.

Perfuma tu cuerpo con ginseng líquido que encontrarás en las tiendas naturistas. Se vende como ampolletas bebibles, pero aquí te bastará con una sola porque lo vamos a utilizar como perfume para que aromatices los rincones más sensibles de tu anatomía.

CONVERSACIÓN

Lo primero que llamará la atención en esta mesa es la desigual distribución de los platos. Tú tienes todos los camarones y tu pareja todas las papas. Empezaremos comentando que esto es absurdo, que está mal y no es justo, de modo que remediaremos la situación redistribuyendo tres camarones en cada tablita y la mitad de las papas a un lado. Ahora sí pondremos los cartelitos correctamente junto a cada uno de ellos. De ahí en adelante platicarán sin reproches, de manera positiva de lo maravilloso que es compartir y de lo bonito que sería vivir de otra manera redistribuyendo las cosas como esta noche.

La cena y el vermouth con el té no tardarán en hacer efecto y empezarán los besos. Pero dile a tu pareja que antes de ir a la cama deben recoger la mesa y lavar los trastes. Propón hacerlo entre los dos pero de una manera divertida, que será tu tarea erótica.

Tarea erótica

Esta noche van a lavar los trastes juntos, pero se quedarán desnudos en la cocina únicamente vestidos con un delantal que tendrás preparado para tal efecto. Acaricia las pompas de tu pareja mientras lava un traste, seca los vasos con gestos provocadores, retocen en la cocina y hagan el amor ahí mismo sin llegar al cuarto. Súbele a la música antes de ponerte el delantal.

Despertar

Dile a tu pareja al oído: "Cuando quieras volvemos a lavar los trastes juntos." Él sabrá de qué le estás hablando.

EFECTOS QUÍMICOS DE ESTA NOCHE

En el anexo que hay a continuación titulado "Diccionario de Afrodisíacos" podrás encontrar las virtudes de cada ingrediente utilizado en esta noche. Pero no olvides que aquí hemos buscado una conjunción de muchos de ellos para que reaccionen entre sí y favorezcan la solidaridad en pareja que te está haciendo falta en tu vida.

Diccionario de afrodisíacos

Para estimular tu vida íntima

Los afrodisíacos estimulan la potencia sexual y el deseo erótico. Existen más de dos mil sustancias catalogadas como
tales. Conocer esos principios activos que pueden mejorar
nuestro vigor sexual es imprescindible dada nuestra voca-
ción amatoria. Pero cuidado, los afrodisíacos en verdad existen, sólo que... no son mágicos por sí mismos. El auténtico
hechizo es el ser humano que los emplea sistemáticamente
y, sobre todo, con la intención de conquistar al otro. Los
afrodisíacos son los alimentos de Afrodita, la diosa griega
del amor que se llamó Venus en la cultura romana. Saber
manejarlos es muy útil, por eso nos hemos ceñido en esta
edición a lo que puedes conseguir en tu despensa diaria, re-
nunciando a delirios exóticos que prometen lo que no encuentras. Algunas sustancias aquí explicadas son ilegales y
por ello te invitamos a razonar al respecto. Estamos seguros
de que más vale saber, porque sólo el ignorante es víctima
de sí mismo. En general, las sustancias más poderosas y casi
milagrosas para el sexo, resulta que son también potentes
venenos que te pueden costar la vida al mínimo descuido en

la dosis. Otros afrodisíacos famosos implican un safari atroz castrando animales protegidos para satisfacer tu calentura (cuerno de rinoceronte, testículos de tigre, etcétera), no los recomendamos. Sin embargo, existen alimentos y sustancias conseguibles en la tienda de la esquina, que utilizamos a diario, y poseen un buen efecto sobre tu apetencia erótica. Como premio, además, todos estos afrodisíacos son excelentes antidepresivos, tu tono vital mejorará al consumirlos. Antes de iniciar este recorrido te diremos, más allá de las limitaciones de este compendio, que el mejor afrodisíaco es una mente sana en un cuerpo sano. Por ello te aconsejamos una alimentación completa y variada sin abusar de sustancias engañosas, un buen sueño reparador y, sobre todo... saber que las situaciones de mal humor, depresión, estrés y baja autoestima no contribuyen desde luego al erotismo. Te pase lo que te pase, una buena comunicación en pareja compartiendo lo íntimo de tus sentimientos, es la mejor medicina para tener coitos memorables que pasen a la historia de tu vida.

Aceites:

Los aceites han sido utilizados como lubricantes para el juego sexual desde antaño. Los hay de todo tipo: esenciales, aromatizados, unidos a sustancias afrodisíacas como la jojoba y el aloe, irritantes para hacer durar la erección, anestésicos para evitar la eyaculación precoz, etcétera. Sirven para dar masaje al amante, para hacer resbalar los cuerpos, para lubricar una vagina reseca, y también para permitir la penetración anal ya que ahí no existe lubricación natural como en la vagina. No obstante, no es recomendable usar los aceites externos de masaje (tipo "Johnson") para lubricar agujeros internos, y es preferible para esto último utilizar preparados específicos que se pueden conseguir en *sex-shops* o en farmacias. En la actualidad es frecuente que se usen dentro y fuera del condón para el juego erótico, pero hay que considerar algo importantísimo: sólo los aceites al agua (*water based*) deben ser utilizados de esta manera, ya que los aceites derivados del petróleo disuelven el látex del condón y lo rompen, con lo cual todas nuestra precauciones —tanto de evitar el embarazo como de contagio de enfermedades— pueden resultar ineficaces. Los aceites al agua no presentan este problema, y algunos suelen contener una sustancia (nonoxynol 9) que, además de matar los espermatozoides, inhibe al virus del SIDA; el único inconveniente es que al rato se quedan secos y pegajosos, lo cual puede resolverse con un poco de saliva. La palabra aceite viene del árabe *az-zayt:* jugo de la oliva.

Aceites esenciales:

Son aceites producidos por más de dos mil plantas de la naturaleza. Desde siempre han sido utilizados en perfumería, confiriendo a los preparados lo que los expertos perfumistas llaman "notas", simples o combinadas. De ellos deriva precisamente el poder excitante y afrodisíaco de muchos perfumes. Clásicamente se considera que funcionan como óptimos para las mujeres: la cananga, la rosa de Bulgaria, el jazmín, etcétera. Para los hombres han adquirido fama: el macís, el sándalo, el vetiver, etcétera. Para ambos sexos: de almendra y de avellana. Pero lo mismo que unos excitan, otros pueden servir para relajar, y así unas gotas de aceite esencial de hinojo en el agua del baño pueden reparar toda una jornada de estrés. Pero ojo, porque los aceites esenciales son sustancias tremendamente potentes, nunca deben ser usados para comer, beber o cocinar, y ello aunque algunos procedan de plantas comestibles, como en el caso del aceite esencial de tomillo que bajo esta preparación resulta ser un poderosísimo antiséptico y no un nutriente, algo parecido a lo que ocurre con los aceites esenciales de: canela, laurel, albahaca, cardamomo, anís, coriandro, romero, vainilla, mejorana, nuez moscada, pimienta negra, jengibre, comino, etcétera. Por lo mismo, aunque se añaden a los aceites de masaje con fines excitantes o relajantes, jamás deben de ponerse sobre la piel sin diluir, y en cualquier caso nunca frotarlos sobre mucosa (vulva, ano, etcétera.) Cuatro gotas son suficientes para añadir a una tina llena de agua caliente, y nunca más de una gota por mililitro de aceite de masaje.

Agua:

Uno de los cuatro elementos de la naturaleza, entre los etéreos fuego y aire de un lado y la solidez de la tierra por el otro. El agua es desde luego la base de la vida, dado que todos los procesos vitales del organismo tienen lugar en disolución acuosa (del latín *acqua*). Es un líquido claro incoloro (sin color), casi inodoro (sin olor) y casi insípido (sin sabor). Pero el agua es también un juguete y no podía por ello estar ajeno al erotismo, así que resulta un excelente afrodisíaco en todas sus versiones. Hacer el amor en el agua es una sensación espléndida, ya sea en el mar, en la alberca, en la tina, en la regadera, en el *jacuzzi* o simplemente bajo la lluvia. La mayoría de las difíciles posturas de pie descritas en el *Kama Sutra*, se convierten en fáciles con la inmersión en agua. Desde luego la flotación es mejor en el mar que en una piscina, además de que siempre será preferible la sal al cloro. Las hidroterapias frías y calientes son también estimulantes del deseo erótico en cualquiera de sus formas: natación, baño turco, sauna, masaje, etcétera. Las aguas medicinales empleadas en los balnearios contienen en disolución diversos elementos curativos de múltiples usos. El agua, el baño y las abluciones son rituales que pertenecen a todas las culturas y las religiones, como ceremonia de purificación, como simbolismo de la lucha contra la suciedad del pecado y las bajas pasiones, y no como eliminador de la mugre en el cuerpo. Los musulmanes por ejemplo, tienen por precepto bañarse inmediatamente después de tener relaciones para purificarse, de modo que en una casa siempre sabrás quién tuvo sexo por los baños a medianoche. Hay agua dulce y salada, agua de rosas, de colonia, de seltz para los más sofisticados, de azahar tranquilizante, corriente, de coco, del Carmen, dura, blanda, fuerte, pesada, milagrosa y mineral, oxigenada y muerta, potable y estancada, regia o tónica, viva si es de manantial, aguas mayores y menores, residuales, subterráneas y termales. Los sueños en los que aparece el agua son los más ricamente interpretados desde la antigüedad; para los enamorados del tema recomendamos *L'Eau et les Reves (El agua y los sueños)* de Gaston Bachelard, París (1942).

AGUACATE:

Árbol y fruto del mismo nombre, la persea americana. Supernutritivo, indispensable en la cocina mexicana. Pero además lleno de simbología sexual, pues la palabra en lengua nahuatl (*ahuacatl*) quiere decir testículo, y para confirmarlo no hay más que ver su forma. De hecho, en el lenguaje familiar mexicano y utilizado en plural alude a los mismísimos tanates. Dicen las mujeres que la textura del aguacate en la boca es en sí misma sensual y que recuerda al semen.

AGUARDIENTE:

Su nombre lo indica todo, literalmente: agua que quema. Bebida alcohólica de muy alta graduación (40-60^0). Se obtiene por filtración y fermentación del vino, frutos, cereales u otras sustancias. En pequeñas dosis es tremendamente afrodisíaco. En grandes dosis todo lo contrario, además de que algunos de ellos pueden llevar a la locura. Y es que el aguardiente es lo que simbólicamente se ha llamado en el mundo esotérico una *coincidentia oppositorum*, ya que procede de dos elementos contradictorios: agua y fuego, lo que lo convierte en un símbolo ambivalente y andrógino, algo que posee el fuego que es masculino activo, y al mismo tiempo el agua que es femenina pasiva.

AJO:

Maravilloso condimento vegetal de cocina, de olor y sabor fuertes. El nombre científico de la planta es *Allium sativum*. Es originario de Asia central, y realmente lo que utilizamos de ella es el bulbo subterráneo de la planta (cabeza), ya que ésta emite tallos verdes también comestibles pero mucho menos usados (ajos tiernos), y unas flores blancas que huelen a ajo. Día a día se siguen descubriendo propiedades medicinales de esta planta: estomacales, expectorantes, como regulador de la fiebre (febrífugo) y de la presión arterial (hipotensor), antibiótico, y un largo etcétera, incluso hay muchos naturistas que efectúan dietas exclusivamente a base de ajo. El aceite antiséptico de ajo tonifica el cuerpo dando fuerza y además tiene fama de limpiar la sangre. Algunos pueblos caucásicos que viven más de cien años vigorosamente, atribuyen esta longevidad a su dieta de ajo; lo mismo pasa con los *hamitas* chinos, activos sexualmente hasta edades muy avanzadas. Y es que para los chinos el ajo forma parte tanto de la cocina como de la medicina desde hace cinco mil años. Para los egipcios tenía un carácter sagrado y de hecho se encontraron dientes de ajo en la tumba de Tutankamón. Pero sobre todo el ajo es un excelente afrodisíaco, el más versátil de todos. En la Edad Media las recién casadas untaban sus axilas de ajo para garantizar el fervor de la noche; claro que, el aroma no es bien tolerado en nuestros tiempos, y lo que tiene de afrodisíaco puede quedar contrarrestado por los ascos de una nariz sensible, algo parecido a lo que pasa con las feromonas de olor sexual. La sustancia química que le da el aroma es tan intensa para la nariz humana que se utiliza para perfumar el inodoro gas doméstico para que pueda ser detectada una fuga. Plinio recomendaba una infalible receta afrodisíaca hecha con base en ajo y coriandro espolvoreados en vino blanco. Pero para los amantes de la cocina afrodisíaca conviene saber que el ajo ha de ser añadido al final de la cocción para evitar que se torne amargo. En la India los hombres acostumbrar frotar con un ungüento a base de ajo la parte inferior del pene y la baja espalda para mantener una erección duradera. El ajo también se ha utilizado clásicamente para ahuyentar el mal de ojo, los malos espíritus y los vampiros. En Grecia la misma palabra "ajo" daba protección con sólo pronunciarla, y los atletas lo masticaban para obtener vitalidad antes de los juegos olímpicos.

AJONJOLÍ:

Se trata del sésamo y su semilla, muy rico en aceite y tremendamente nutritivo, es un condimento afrodisíaco. La palabra deriva del árabe coloquial *al-yontolil*, y su nombre científico es *Sesamun indicum* ya que procede del Asia tropical. Muy empleado en la cocina oriental, aunque prácticamente ausente en la gastronomía europea. En México está presente en infinidad de platillos de herencia prehispánica, en empanizados y espolvoreado sobre el pan.

ALCACHOFA:

Vegetal afrodisíaco de uso culinario, parecido al cardo y de sabor delicioso digno de sibaritas, también llamada "alcaucil" o "alacaucí". Uno de los principios activos, el *Chophitol*, tiene además gran efecto diurético, y muchos fármacos y cosméticos contra la celulitis lo emplean en su composición, tanto por vía general, inyectado, como en aplicaciones locales para los muslos. Paralelamente la alcachofa es muy rica en vitamina C, y tanto hojas como raíz poseen efectos benéficos sobre el hígado. Exactamente lo que se come son las cabezuelas, antes de la floración. El nombre científico de la especie cultivada que solemos comer es *Cynara scolymus*, lo cual nos recuerda una insigne bebida alcohólica francesa hecha con ella llamada Cynar.

Alcaloides:

Principio activo de muchas especies del reino vegetal, auque también se pueden obtener de animales y artificialmente en laboratorio por síntesis de aminoácidos. Muchos de ellos tienen efectos afrodisíacos potentes, pero son tóxicos, algunos mortalmente venenosos y producen adicción, estamos hablando del mundo de las drogas. Por lo mismo tienen también una extraordinaria utilidad médica. Entre los alcaloides más conocidos están: la cocaína de la coca; la heroína, la morfina y la codeína de la adormidera; el LSD del cornezuelo del centeno; el cannabinol de la marihuana, la atropina de la belladona; la efedrina de la ephedra; la quinina de la quina; la estricnina de la nuez vómica; la emetina de la ipecacuana... Pero también son alcaloides —aunque sean legales y producen los mismos efectos adictivos— la cafeína del café, la teína del té, la nicotina del tabaco, y la teobromina y anandamida presentes en el cacao y en su derivado el chocolate. Realmente la mayoría de estas plantas no contienen un solo alcaloide, sino complejas combinaciones de varios de ellos que a la fecha no han sido decodificados, y mientras tanto se nombra el principal o lo único conocido. En las drogas de diseño están presentes los alcaloides artificiales de síntesis (éxtasis, aceites psicodélicos, mezcalina sintética, etcétera), así como en muchas sustancias vegetales que se toman alegremente como complementos nutricionales, sedantes caseros o medicamentos naturistas: herbal ecstasy, valeriana, guaraná, ginko biloba, kola, nuez moscada, tila, etcétera.

Alcohol:

Su efecto en la sexualidad tiene dos fases, paradójicas, y esto no hay que olvidarlo. En pequeñas dosis el alcohol estimula el deseo sexual, física y psicológicamente también porque desinhibe, relaja la moral, suelta la lengua, y le deja a uno ligeramente más erotizado, más autopermisivo y licencioso. Esto es sabido desde antaño, y por ello se ha empleado también para convencer a las damas remilgosas, ritual que hoy se perpetúa con la botella de champán para propiciar la velada en pareja. Con un poquito más de dosis se rozan los puntos peligrosos de su efecto, el rol como amante empieza a caminar por la cuerda floja, pero aún eres capaz de mantener el deseo y además retardar la eyaculación, cosa altamente interesante de momento. Pero ojo, porque una copa más puede hacerte caer en el verdadero estupor de la borrachera, y ahora así tu papel como amante dejará mucho que desear: vomitarás sin previo aviso sobre el galán o la galana, te quedarás verde, dirás inconveniencias repetitivas que a ti te parecerán sutiles pero son patéticas, insistirás en cualquier tontería, reirás como imbécil o llorar sin sentido, puedes confesar lo que no debías, se te aflojarán los esfínteres y puedes desde emitir ruidos hasta tener diarrea pasando por la "lluvia dorada". En el mejor de los casos fornicarás como tonto hasta perder la conciencia en pleno acto, aplastando a tu amante. Puede que te quedes dormido roncando con la boca abierta y un espantoso aliento. ¿Aún te quedan ganas de propasarte? Pues ya lo sabes. Ahora bien, no todo es una desgracia. Si eres capaz de controlar las cantidades y beber moderadamente existen alcoholes especiales que te ayudarán como afrodisíaco. Así los vinos de crianza, los carísimos sobre todo.

El champán es lo máximo. También la absenta, cómo no, que aunque prohibida por su graduación alcohólica (80°) la puedes conseguir en Europa; es la bebida que llegó a enloquecer a Van Gogh, y se trata de un anís hecho con base en el ajenjo, hierba alucinógena y afrodisíaca que se señala como ejemplo de amargor en la Biblia. Paralelamente y del otro lado del Atlántico tenemos el mexicano mezcal sacado del maguey, con mezcalina por alcaloide. Es excelente el mezcal de Oaxaca que trae en la botella el gusano de la planta que engordó con la misma sustancia, o te lo dan machacado para que lo chupes con limón y sal entre trago y trago ¡sublime ceremonia! Funcionan también como alcoholes afrodisíacos el jerez, el vermouth, el amaretto, el chartreusse, el benedictine y todos aquellos preparados de los monjes de clausura, cuanto más milenarios mejor, porque a ninguno de ellos les falta el componente psicodélico o el afrodisíaco sabiamente manejado por los custodios de lo casto. El fuerte licor llamado "alquermes" une las especias al color rojo tremendo. Pero para la mitología clásica el alcohol es algo sagrado, y por ello de alguna manera lo hemos heredado en el ritual de nuestras culturas. Así, el griego simboliza en el alcohol ("agua de fuego", "aguardiente", "agua de vida") la energía vital que nace al unirse dos elementos contrarios, y su fruto es la inspiración creativa. Dice Gastón Bachelard ante la contemplación del alcohol encendido: parece que el agua femenina haya perdido todo su pudor, entregándose delirante a su dueño el fuego (*L'Eau et les Reves*, París, 1942). El concepto "alcohol" en realidad abarca un amplio grupo de sustancias y no solo las bebidas, pero en la civilización actual se ha convertido en nombre genérico para referirse a ellas. El origen del nombre es bien distinto, viene del árabe *al-kohol:* antimonio en polvo, lo que tradicionalmente usan las mujeres árabes —y la cosmética francesa— para oscurecer el contorno de los ojos de negro, también se lo ponen los hombres bajo el párpado inferior para dar esa mirada misteriosa oriental, que por cierto constituye además un protector ocular contra las infecciones. En general el alcohol se obtiene de la fermentación de azúcares y almidones contenidos en frutas, semillas, legumbres y maderas. Por ello encontramos todo tipo de aguardientes, destilados, fermentados y añejados a lo largo del orbe. No hay que olvidar que el alcohol mal manejado puede generar adicción, vicio, accidentes en carretera y la enfermedad incurable del alcoholismo. El alcohol, aunque parezca un estimulante porque anima en pequeñas dosis, en realidad es un depresor del sistema nervioso, y confunde porque lo primero que deprime es la angustia o la timidez y uno parece liberarse, pero a continuación deprime también todo lo demás.

Almendra:

Fruto seco de propiedades afrodisíacas. Las recetas que incrementan la potencia sexual la incluyen en grandes dosis, desde la medicina tradicional italiana hasta el platillo recomendado por el Jeque Nefzawi en *El jardín perfumado*, con piñones y miel espesa durante tres noches seguidas. Versiones más modernas recomiendan como afrodisíaco la sopa de almendras con leche, huevo y gallina. En Oriente la almendra está asociada con los ritos de fertilidad. Pero además su aceite es un excelente suavizante y nutriente para la piel y el cabello, sin desechar su utilidad para dar un excelente masaje erótico. El aceite de almendras es laxante cuando se ingiere. La esencia de almendras amargas es de uso cosmético, farmacéutico, y también para preparar bebidas tipo horchata. En los dulces —que ya de por sí son afrodisíacos— se une la potencia de los distintos componentes para dar el turrón, garapiñados, almendrados y peladillas.

ALMIZCLE:

Perfume afrodisíaco de origen animal. El almizcle es el olor de la voluptuosidad y de las pasiones sexuales. Lo segrega por una bolsita en su vientre el almizclero, animal que en distintas regiones varía tremendamente y sólo guarda en común lo de la vejiga perfumante tan codiciada, que no es otra cosa que jugo sexual para atraer parejas y marcar territorio. Existe el ratón almizclero, el buey almizclero, y entre otros un animal rumiante parecido al cabrito pero sin cuernos que habita en el Tibet. Hoy en día se sabe que contiene feromona, una sustancia olfatoria de gran poder afrodisíaco, un olor sexual del que también están dotados nuestros genitales para provocar el apetito erótico. Con razón lo utilizaba el rey Salomón y tenía contentas a sus mil mujeres. Y con la misma razón las cortesanas tenían siempre a la mano una ampollita de almizcle para reventarla en el momento del orgasmo bajo la nariz del amante, algo parecido a lo que se hace hoy en día con el "popper". En realidad basta con echar un poquito de almizcle a tu perfume habitual para lograr interesantes efectos de atracción en las personas que te huelan. El almizcle de mejor calidad es el seco, suave y amargo, y que no tiña de rojo tu mano al frotarlo. Ojo, porque hay almizcles sintéticos. De hecho los perfumistas suelen imitar con aceites esenciales el olor del almizcle animal —carísimo—, pero sin embargo no logran el efecto de las hormonas y es sólo un pequeño engaño de los sentidos. El jitomate original (no el que comemos actualmente) contiene una especie de almizcle vegetal que se puede sentir al frotar sus hojas bajo la nariz.

Amaranto:

Joya vegetal afrodisíaca de la nutrición prehispánica, aún hoy consumible en México. En semillas de amaranto regadas con miel es donde el pueblo azteca untaba la sangre de los sacrificios humanos para degustar el rito. Actualmente los dulces de amaranto llamados "alegrías" circulan inocentemente por doquier, deliciosos, y altamente nutritivos ya que su valor proteínico es extraordinario, de hecho se habla de él como el alimento base del futuro. Místicamente, el amaranto está considerado como el símbolo de la inmortalidad.

Ancas de rana:

Platillo afrodisíaco heredado de la cocina francesa, aunque ya era apreciado por los romanos como potenciador sexual.

Anís:

Planta afrodisíaca afamada desde la antigüedad. Con ella se preparan multitud de licores considerados clásicamente para damas, e infinidad de culturas cuentan con ellos entre sus bebidas tradicionales. En España abundan los famosos anises de El Mono, La Asturiana, o variantes más potentes como el Chinchón o la Absenta (con ajenjo). Son clásicos los franceses Pernod, Pastis, y Ricard. Ya más exóticos son el Raki turco y el Ouzo griego, siendo de especial fama el que se fabrica en la isla de Mitilene (Lesbos). Como aceite esencial (anís verde) tiene también amplio uso en perfumería, y las semillas son también de utilidad en la cocina y farmacia. Su nombre oficial es bastante rimbombante y da una idea de su uso en los salones: *Pimpinella anisum*.

APIO:

Vegetal afrodisíaco de uso común en la cocina (*Apium graveolens*). Para que ejerza su efecto de potenciador erótico es mejor tomarlo crudo, ya sea en ensalada o en licuado, desde luego cotidianamente y en grandes cantidades. Asimismo tiene un efecto diurético, por lo que se suele incluir en las dietas de adelgazamiento. La Marquesa de Pompadour daba a Luis XV su famosa sopa de apio, y dicen las filosas lenguas de entonces que ahí residía su poder de ser siempre la favorita entre las muchas amantes del rey. En la Grecia clásica el apio se utilizaba estética y simbólicamente como el laurel —también afrodisíaco— para coronar las cabezas de los atletas vencedores en los Juegos Olímpicos. El apio es muy fácil de cultivar en casa, en cualquier maceta, con la ventaja de que se puede obtener sin fertilizantes ni pesticidas químicos. Para ello basta con sembrar el extremo de la rama de apio que compraste en el mercado, algo que normalmente va a la basura. Esta planta, además de estimulante erótico, te ofrece una gran riqueza en hierro, vitaminas y sales minerales.

Azafrán:

Condimento afrodisíaco muy empleado en la cocina, sobre todo para dar ese color amarillo anaranjado a la paella. El falso azafrán es la cúrcuma que no posee estas propiedades. Los griegos pensaban que era especialmente efectivo en la sexualidad femenina, y que una dieta rica en azafrán lograba que ellas estuvieran pensando en sexo todo el día. Del mismo modo los herbolarios ingleses registran el azafrán como una hierbita capaz de poner a la gente cariñosa. Los árabes tienen una extraordinaria receta afrodisíaca en la que mezclan el azafrán con flor de naranjo, anís, dátiles, zanahoria, yema de huevo cocida con miel y agua. También es de uso medicinal. Aunque su nombre científico es *Corcus sativus*, sin embargo la palabra es árabe (*az-za´ faran*). El azafrán usado en cocina consiste únicamente en los pistilos de la flor, de modo que su precio por kilo lo convierte en una de las sustancias más caras del mundo, aún más incluso que muchas drogas.

Berenjena:

Es una planta comestible y de propiedades afrodisíacas (*Solanum melongena*). Muchísimas culturas orientales poseen exquisitas recetas con base en berenjena que tienen por misión despertar el interés sexual. La más clásica de todas ellas es la del *Imán Bayildi* (imán desmayado) de los turcos, y con razón el nombre ya que se cuenta que un antiguo rey se desmayó de placer después de que las mujeres de su harén lo alimentaron con este platillo: berenjenas rellenas de cebollas, pimientos verdes y rojos, jitomates, ajo y coriandro (todos ellos afrodisíacos), y se cocinan en aceite de oliva durante varias horas para comerse finalmente frías. La receta es parecidísima al famoso *ratatouille* provenzal, aunque en esta ocasión le añaden calabacines. En las Antillas poseen algo similar, cocinándolas con cebolletas (cebolla de rabo), pimientos morrones, granos de pimienta blanca y vainas de vainilla, también todo ello afrodisíaco. Aunque la berenjena se cultiva en Europa y América, su origen es hindú y aparece ya mencionada en antiguos textos sánscritos de cuya lengua proviene la propia palabra (*vatinganah*), teniendo versiones similares en persa y árabe. Es precisamente por medio de los árabes como la berenjena llegó a Europa durante la Edad Media, otra contribución más de Oriente para mejorar la aburrida vida sexual de los fríos europeos.

BERGAMOTA:

Se trata de una lima afrodisíaca a la que se atribuye el poder de excitar a los hombres y mujeres, y no es de extrañar con semejante nombrecito. Su esencia se utiliza para añadir al agua del baño y también para dar masajes, ya que es una fruta no comestible pero sí aromática. Parecida a una naranja de color amarillo pálido. Él árbol que la genera, el bergamoto, es originario de Turquía y muy difundido en el Sur de Asia. Por cierto que la famosa mezcla de té conocido como *Early Grey* contiene bergamota, de ahí su peculiar sabor y efecto afrodisíaco.

CACAHUATE:

Al igual que muchos otros frutos secos es un afrodisíaco, a pesar de que los mexicanos digan "me importa un cacahuate" para significar un bledo. Curiosamente en España a ese fruto americano se le llama "cacahuete", aunque su origen es prehispánico y en lengua nahuatl se llama *Tlacac huatl:* cacao de la tierra, y al igual que éste tiene propiedades dignas de mejorar nuestro rendimiento como amantes.

Cacao:

Sustancia afrodisíaca originaria de América, concretamente de México y del árbol cacaotero, y de la cual los suizos dieron muy buena cuenta fabricando el actual chocolate. Pero sin duda el cacao es un estimulante de primera, una especie de cafeína pero más tolerable, y por ello se emplea para el desayuno infantil. Más allá de este uso inocente y doméstico, el cacao es efectivamente afrodisíaco, tanto, que se dice que el emperador Moctezuma se tomaba cincuenta tazas diarias para atender la demanda sexual de sus numerosas mujeres. Con razón el nombre científico es theobroma: "alimento de los dioses", y su alcaloide —la theobromina— se usa en medicina como diurético y estimulante del músculo cardiaco, aunque la palabra originaria es nathuatl (*cacahuacuahuitl*). El cacao y su bebida el chocolate, era un elíxir sagrado para Xochiquetzal, la diosa azteca de la fertilidad.

Café:

Está considerada en infusión como bebida afrodisíaca, y ya ves qué cotidiano es y qué a la mano está. Sin embargo, como todo lo que da gusto —o te mata o es pecado—, la cafeína es un excitante general que no sólo tiene efectos sobre la sexualidad sino sobre tu metabolismo entero: estimulación, pérdida de sueño, nerviosismo, sudoración, ansiedad, taquicardia, etcétera, y estará contraindicado en enfermedades cardíacas y muchas otras que te indicará tu médico. Curiosamente el café es una de las sustancias de efecto paradójico en algunas personas; es decir que, siendo un excitante del sistema nervioso, para determinados sujetos se convierte en sedante, y no falta quien se hecha un cafecito en la noche para dormir a gusto. No sólo el ser humano es paradójico, también las plantas. La cafeína es un alcaloide común al té, al mate, incluso primo hermano del estimulante que contiene el guaraná.

CALABAZA:

La flor de la calabaza no la conocen en Europa como alimento. En cambio en México se utiliza para hacer riquísimas quesadillas rellenas, o para hacer sopa de flor de calabaza. Además del placer gastronómico, conviene imitar a los mexicanos porque esta flor está considerada como un excelente afrodisíaco. Efectivamente, las semillas de calabaza común (*Cucurbita pepo*) se utilizan en muchas culturas como estimulante del apetito sexual, ofreciendo en lugar de una droga un elemento potentemente nutritivo, rico en vitamina E que detiene el envejecimiento y aumenta la producción de hormonas sexuales masculinas. Ojo, porque las semillas rancias destruyen esta vitamina, incluso pueden procurar el deterioro físico, por ello será mejor conservarlas en el refrigerador si no se van a consumir de inmediato. Los gitanos de Europa Oriental las comen regularmente para proteger la próstata y la vida sexual hasta edades avanzadas. Otros componentes nutritivos de estas

semillas son proteínas, fósforo, vitamina B, carbohidratos
y ácidos grasos no saturados.

CANELA:

Especia afrodisíaca que se puede utilizar cotidianamente en
la cocina, en polvo o en palo porque de hecho es la corteza
aromática del árbol canelo, originario de Asia tropical. Se
usa habitualmente para dar sabor y adornar postres dulces,
frutas y el clásico arroz con leche. Pero además los mexicanos le añaden un poquito a su tradicional café de olla que
endulzan con piloncillo, y les va de maravilla. La palabra
canela significa "fragante planta de la China", los cuplés de
doble sentido que cantaban los españoles decían frases pro-
metiendo sexo tales como: "te voy a dar canela china." También puede encontrarse como aceite esencial para perfumes,
en el agua de baño o como aceite de masaje. La canela, al
igual que el cacao del chocolate, que las papas y muchas
otras cosas, fue llevado a Europa por los conquistadores
americanos y despertó furor afrodisíaco en su época.

CANNABIS:

Nombre químico y oficial de una planta ampliamente consumida en lo cotidiano oriental y en el underground occidental, con distintos apellidos según su procedencia asiática
o americana (*Indica* o *Sativa*). De esta planta circulan legal
o ilegalmente —según los países— toda una serie de preparados activos. Entre los más conocidos están la hoja de marihuana y la resina del hachís. Su influencia sobre el sexo
puede ser paradójica. Al igual que el alcohol, disminuye las

inhibiciones, y eso puede ser afrodisíaco pero también todo lo contrario. En la década de los setenta el doctor Wesley May (presidente de la American Medical Association) declaró que el uso crónico de la marihuana puede conducir a la impotencia sexual, juicio que se comprobó poco después carecía de investigación científica que lo avalara y era más bien una ideología personal de rechazo. Investigaciones posteriores describen una actividad sexual entre los fumadores superior al resto, pero de igual manera no se tuvieron en cuenta otros factores de la población estudiada que pueden afectar los resultados independientemente de la sustancia (tipo de pareja, estilo de vida, salud general, equilibrio emocional previo, etcétera) de modo que los resultados no son concluyentes.

Cantárida:

Éste es el nombre de la famosa mosca española que, aunque verde fosforescente y parecida a la panteonera, es uno de los más potentes afrodisíacos que se pueden conseguir hoy en día. Los mercados marroquíes las venden por doquier, y sus hierberos te preparan una mezcla con mandrágora de la que no te olvidarás tan fácil después de tomar una infusión. Esta mosca —que en realidad es un escarabajo— vive en las ramas de tilos y fresnos. Su nombre científico es *Lytta vesicatoria* o también *Carotharis vesicatoria*, y su principio activo que se obtiene de las alas (élitros) es irritante para los tejidos corporales, por lo que se empleaba desde la antigüedad para abrir llagas cerradas en falso (de ahí su nombre latino). En veterinaria la cantárida suministrada oralmente anima a los animales a aparearse. Pero ojo, porque su dosificación es delicada, y un mal manejo te puede llevar a cólicos renales (nefritis), vómitos, incluso la muerte (más de 2 miligramos). De hecho es un potente irritante de toda la vía digestiva pudiendo causar ulceración y perforación del estómago, así como inflamación de las vías urinarias que es lo que lleva a una erección dolorosa. Debemos decir que los afrodisíacos potentes son también potentes venenos, aunque algunos digan que lo que no mata engorda. Los *sex-shops* actuales venden ya unos extractos de *spanish fly*, no para beber sino para uso corporal, con una indicación de dosis en gotas para evitar problemas. Pero la cantárida auténtica está prohibida para consumo humano por lo peligrosa que es, de modo que la mayoría de las pociones que te venden contienen "falsa cantárida" (*capsicum*), también llamada *Herbal Spanish Fly*, *Legal Spanish Fly* o "cantárida mexicana", que no es otra cosa que pimentón, que te dará hormigueo al orinar sin mayor efecto afrodisíaco pero también sin peligro.

CARACOL:

En Oriente le llaman así al clítoris femenino, tal vez por la misma facilidad del animal de aparecer y desparecer bajo su concha. En cuanto a los animales, son especialmente afrodisíacos los caracoles de tierra criados en las hojas de las viñas, mucho más aún si las cocinas a la *Bourgignone* con ajo y perejil, ambos también afrodisíacos.

CARAMBOLA:

Fruta brasileña —del carambolo— de propiedades afrodisíacas. De sabor ácido. La palabra procede del portugués *carambola:* clase de fruta. Desprende un aroma que recuerda al jazmín. Al cortarla en rodajas presenta un maravilloso aspecto de estrella de cinco puntas que habla por sí mismo, unido a un color amarillo intenso con aristas verdes.

CARDAMOMO:

Especia afrodisíaca que se utiliza profusamente en la cocina de Oriente medio, con efecto de estimulación erótica especialmente para los hombres. Es muy aromática, y con ella se pueden preparar tanto infusiones como directamente aliño de ensaladas. Las ceremonias de *Tantra Yoga* (yoga sexual) incluyen el cardamomo entre los alimentos que la pareja toma en el *maithuna* (encuentro sexual). Una antigua receta árabe prepara las vainas de cardamomo trituradas con jengibre y canela, para ser espolvoreadas sobre una ensalada de cebolla hervida y chícharos. Masticar cardamomo es útil para quitar el aliento a ajo, lo mismo que el perejil. El cardamomo también se encuentra disponible como aceite esencial para perfumería o diluido para baños y masajes, aunque el aroma clásicamente se tiene más por viril que por femenino.

CASTAÑA:

Fruta afrodisíaca de gran potencia, aunque sea de invierno. La versión más vulgar en los países fríos acostumbra a ponerlas durante la época navideña recién asadas en los bolsillos de los abrigos para calentar las manos. Pero la castaña refinada es también el exquisito *marrón glacé*, o los mexicanos purés para rellenar el pavo. Con ellas se realiza un platillo que ha pasado a la historia como "el postre de los amantes" de nombre *Mont Blanc* que puedes intentar hacer: batir puré de castañas con *cognac*, servido en un vaso cubierto de crema batida.

CAVIAR:

Platillo afrodisíaco y carísimo. El auténtico caviar son los huevecillos del pez esturión, negros o grises pardos, siendo los mejores el iraní y el ruso. Para comerlo adecuadamente existen varias fórmulas ortodoxas: rodeado de hielo picado, a cucharadas; untado en pan tostado con una base de mantequilla y rociado de limón; en tortitas de harina caliente tipo hot cakes. Actualmente el mercado se inunda de sucedáneos que, utilizando huevas de cualquier pescado (lubina si tienes suerte) las tiñen de oscuro para seducir visualmente. No es lo mismo. No te olvides que la bebida ideal que acompaña al caviar es el vodka helado o el champán.

CEBOLLA:

Vegetal afrodisíaco de uso común en la cocina cotidiana de ambos continentes, aunque sea oriunda de Asia, y la propia palabra de origen desconocido. Caldeos, griegos y romanos han reverenciado este vegetal por sus propiedades estimulantes de la libido. No lo dudes, síguela usando porque además contiene azufre, los egipcios se hartaban de ella y de lentejas y les iba estupendamente bien en el terreno erótico. De cualquier modo conviene saber que en España, en general la cebollas tienen una delgada piel dorada. En México además de ésta se consume más aún otra de piel dura y blanca, otras moradas deliciosas que son las yucatecas, además de las cebollitas enanas a las que llaman de "Cambray", mientras que a la finísima cebolleta española le dicen "cebolla de rabo". Una estupenda receta afrodisíaca que utilizan los árabes es un revuelto de huevo con tiras de cebolla, cuya versión francesa hace lo mismo en forma de *omelette lyonesa* tras freír la cebolla previamente.

CEREZA:

Fruta afrodisíaca. A su composición (diez % de azúcar) añade la deliciosa textura, el color rojo, la forma y el posible jugueteo entre los amantes mientras te la comes lascivamente o las dejas caer en la boca del otro. Al parecer las cerezas (*Prunus cerasus*) ya se cultivaban en Egipto en el siglo VII a.C. y fueron luego profusamente usadas en sus fiestas por los griegos y romanos en infinidad de variedades. Son igualmente efectivos para lo amoroso los aguardientes de cereza, como el Kirsch, el Maraschino y la Ratafia. Pero además el hueso tiene fama de ser extraordinariamente afrodisíaco, y medicinal para tratar problemas de impotencia sexual. Este efecto no se ha podido demostrar científicamente, pero lo cierto es que es rico en Vitamina B15 (ácido pangánico), un antioxidante de los tejidos con efecto antienvejecimiento, y también contiene Vitamina B17 (laetriles) que recientemente se han descubierto sus virtudes como anticancerígeno. Sin embargo la FDA (*Federal Food and Drug Administration*) estadounidense no permite de momento su uso, y al parecer millones de dólares están en juego. Conviene saber también que estos huesos contienen un veneno, el ácido prúsico, que normalmente va a ser inactivo por el metabolismo al digerirlo, no es acumulativo y no causará daño en cantidades moderadas, habiendo excepciones de algunas cerezas con alto contenido del mismo que se detectan por su insoportable amargor, y que normalmente suelen ser destruidas con todo y árbol por los propios cosechadores. La mayoría de estas propiedades del hueso de la cereza son comunes al hueso del albaricoque. Además de los huesos, la tintura de cerezas se ha venido usando en preparaciones farmacológicas naturistas para aliviar la tos, las piedras de riñón y vejiga y las alteraciones del bazo.

CERVEZA:

Aunque el alcohol no sea exactamente un afrodisíaco (sobre todo a grandes dosis), resulta que existe en el mercado una cerveza que sí lo es, puesto que contiene trece sustancias afrodisíacas, entre ellas: nuez de cola (la que contiene la Coca-cola), ginseng, jengibre, cardamomo, mirto, eleutherocoque, ginko biloba, etcétera, y decimos etcétera porque el resto de los ingredientes corresponden a la fórmula secreta para que no se la copien. Este producto es francés y la forma de tomarla para conseguir una semana erótica a tope es tres botellas los primeros tres días, y una sola el cuarto. Pero la cerveza clásica en sí misma tiene propiedades hormonales por sus componentes.

CHABACANO:

Fruta considerada de efectos afrodisíacos, amarilla, oval y muy sabrosa por cierto, con la piel aterciopelada como el melocotón (durazno), el labarillo y toda esa familia de frutas. También es pariente y sinónimo del prisco, albérchigo, abridor, pavia, paraguayo, etcétera. El árbol que lo produce es el alabaricoquero (*Prunus armeniaca*) originario de China cuyo cultivo se ha extendido a todas las regiones templadas. La palabra "alabaricoque" procede del árabe y a su vez del griego *paikókion* cuyo sentido explícito es: ciruela que madura temprano (precoz). Y es que efectivamente su carne jugosa recuerda a la ciruela. También se conoce como "damasco". Existe también un licor de albaricoque tremendamente afrodisíaco. Y como también se considera el hueso de esta fruta estimulante sexual y así lo toman la tribu de los *hunza* del Himalaya, atribuyendo a su dieta una larga y potente vida. Al igual que el hueso de cereza contiene un componente venenoso, el ácido prúsico, pero que queda inactivado en la cocción así como por el propio metabolismo sin desaprovechar por ello su valor nutritivo y energético. En cambio, el hueso de albaricoque contiene también las prodigiosas vitaminas B15 y B17.

CHAMPÁN:

Uno de los pocos alcoholes que funciona maravillosamente como afrodisíaco, aunque algunos dicen que es simplemente la literatura francesa que nos han vendido, el glamour del descorche y el elevadísimo precio de la botella lo que lo convierten en extraordinario. Pero el champán es un vino de uva, fruto de la vid, y no despreciemos los caldos que desde su descripción bíblica o de la mitología báquica sabemos que emborrachan dulcemente, y sabemos también de lo que son capaces de hacer en orgías y bacanales. La sensación de las burbujas en la lengua, unido a que el dióxido de carbono hace que el alcohol llegue más rápidamente a la sangre contribuyen a todo ello. El proceso del champán fue descubierto por un fraile, Don Perignon, que aplicó al vino el "método *champanoise*" dejándolo fermentar dentro de la propia botella para producir sus burbujas naturales. El drama fue encontrar los tapones adecuados que resistieran el empuje sin salir disparados, al final el actual corcho de alcornoque con sus ligueros metálicos fue y es la solución idónea. Por cierto que una forma extraordinaria de mantener el gas en la botella una vez abierta es introducir en su boca el mango de una cuchara metálica, así se conservará a la perfección, garantizado. El mejor champán es el *Blanc de Blancs* que está elaborado exclusivamente con uvas Chardonnay. La variedad de champán rosado obtiene un tinte de este color gracias a una variedad de uva negra en su composición. Actualmente está castellanizada la palabra "champán" aunque originalmente es francesa (Champagne) y de hecho la denominación de origen como método *champanoise* está registrada y no se permite aplicarla a ningún otro vino espumoso fermentado en botella aunque provenga de las mismas uvas e idéntico proceso, cosa que ocurre con las cavas españolas de muy buena calidad y precio.

CHÁMPIÑÓN:

Hongo afrodisíaco. La mejor receta consiste en freírlos en un poco de aceite de oliva, con unos ajitos y un chorro de Jerez (todo ello afrodisíaco). Además de sus efectos, su forma fálica y su olor a hombre no dejan lugar a dudas, tal vez por todo ello han sido utilizados profusamente por la medicina árabe como estimulantes sexuales para la ancianidad y la impotencia.

CHÍCHARO:

Vegetal afrodisíaco que se puede incluir en grandes cantidades en la dieta cotidiana, cosa que hacen habitualmente los franceses. En España los llaman guisantes.

CHILE:

Así le llaman al pimiento picante en México. Pero como los mexicanos son dados al doble sentido sexual (albur) pues te podrás imaginar de inmediato que por "chile" entienden "pene". Y dado que es un plato habitual, cuida mucho cuando expliques a tus amigos que lo prefieres gordito, chiquito, delgadito, sabroso, duro, etcétera, porque tendrás carcajadas garantizadas. México tiene una variedad de chiles única en el mundo, se cuentan por miles, y unos pican en la lengua, otros en la garganta, en el estómago, otros te dan vuelta a las orejas, y no faltan los que repican (porque pican al comerlos y repican al evacuarlos). Por siempre picarán lascivamente en tu sexo. Todos ellos son afrodisíacos y se incluyen en la dieta cotidiana. Tal vez eso explique la calentura y pasión mexicana frente a otras culturas menos picosas. Ten cuidado, y no te enchiles.

CHOCOLATE:

Este riquísimo dulce tiene en su base el cacao, excelente afrodisíaco mexicano. El primer europeo en probar el chocolate fue Hernán Cortés, invitado por el mismísimo emperador Moctezuma. Su reputación como excitante sexual creció de tal manera al ser llevado a Europa, que llegó a prohibírseles a los monjes franceses en el siglo XVII tomarlo, y por el contrario se convirtió en la última moda en la corte de Luis XIV en forma de bombones. Las cajas de chocolates se siguen utilizando actualmente en el galanteo y esto tiene su historia. No sólo son afrodisíacos sino que, en aquellas cortes francesas, si una dama aceptaba un chocolate del rey significaba que aceptaba la invitación de acudir a su cama. Hoy en día las damas muy cursis hacen lo mismo sin darse cuenta.

Cilantro:

Hierbita afrodisíaca de uso cotidiano en la cocina mexicana (*Coriandrum sativum*). Parecidísima al perejil, casi indistinguible pero más aromático que adorna crudo cualquier platillo, espolvorea cualquier sopa o da el toque final a una salsa.

Cocaína:

Sustancia afrodisíaca, prohibida por la ley al estar considerada como droga y ser motivo del narcotráfico. En realidad la cocaína es uno de los varios alcaloides que contiene la hoja de coca, un arbusto sudamericano (*Erythroxlon coca*) que los incas del Perú han mascado desde siempre como estimulante para el cansancio, como afrodisíaco y como medicina para muchos males y dolores. Y es que efectivamente, la cocaína es un estimulante del sistema nervioso cerebral, produciendo la sensación de energía, pensamiento rápido y ausencia de fatiga. La cocaína como sustancia fue aislada de la hoja de coca en 1859 por Albert Niemann, dando fuente a toda suerte de experimentaciones y por supuesto al comercio. En esa época el italiano Angelo Mariani hizo una verdadera fortuna vendiendo su vino tónico de coca, no muy distinto de la Coca-Cola original que también la contenía, convirtiéndose entonces en bebida de moda y favorita de las masas. En 1914 la ley conocida como *Harrison Narcotic Act* prohibía definitivamente el uso y comercio de la cocaína. Esto dio al traste con el consumo legal ya que se vendía en farmacias (Bayer). Desde entonces se sigue consumiendo, pero como droga ilegal por una elite hedonista y *yuppie* al ser productiva, también abaratada y masificada últimamente. De todas las drogas actuales es la que se considera más sexual y equivocadamente afrodisíaca por falta de conocimiento al respecto. Sin abuso mantiene la erección después de varios orgasmos, además de retrasarlo y ser aparentemente eficaz contra la eyaculación precoz. Lo mismo untada sobre la cabeza del pene o sobre el clítoris femenino parece incrementar las sensaciones, pero en realidad los adormece, incluso demasiado. Se dice que la cocaína psicológicamente produce el deseo de cosas novedosas, que desinhibe para tener nuevas experiencias. Pero como la droga también estimula los centros intelectuales del cerebro, puede que el sexo se vea incluso desplazado por el afán de hablar y te convierta en un ser tremendamente platicador y confidente en extremo. Pero la misma activación también genera hiperactividad sin destino, prisa, intolerancia, reacciones violentas y, lo peor, paranoia. Su capacidad de generar adicción psicológica es muy fuerte. Como sucede con muchas otras drogas, lo que comenzó como aparente ventaja acaba convirtiéndose en todo lo contrario. La estimulación de las pequeñas dosis iniciales cede paso a una impotencia sexual sistemática, a falta de erección o reblandecimiento después de lograrla, contrastada con un deseo mental imperioso de sexo que no puede ser colmado, es decir a un callejón sin salida con reacciones violentas la mayoría de las veces.

Coco:

Fruta afrodisíaca si se consume habitualmente, tanto la pulpa como la leche del mismo. Cocinado tiene gran tradición en la gastronomía brasileña, en Cuba, y sobre todo en Sri Lanka (antiguo Ceilán). También el aceite de coco se puede utilizar para dar excelentes masajes afrodisíacos. La fama del coco como estimulante erótico llegó a ser tal que un misionero en el Pacífico Sur prohibió su consumo alegando que incitaba a la lujuria porque parecían testículos gigantes (¡qué habría en su mente!).

Damiana:

Hierba afrodisíaca y psicodélica usada desde la antigüedad por la hechicería. Existe una bebida mexicana típica de Baja California que es un licor de color amarillo y dulce —tipo *Chartreusse*— y que contiene damiana, de fama tremenda para el juego sexual. Lo encontrarás en las licorerías tradicionales en una botellitas que simulan una mujer panzona con los senos al aire. Sin embargo dicen los expertos que el licor no es tan potente porque realmente contiene poca concentración de damiana, que es mejor beber directamente una infusión de las hojas o incluso fumarlas. La damiana consumida antes de acostarse promete un buen descanso y profusión de sueños eróticos. La planta es un pequeño arbusto

(*Turnera difusa o T. Aphrodisiaca*) natural del sur de Estados Unidos, África y México. Como todo, se puede tomar sistemáticamente pero en pequeñas dosis para no dañar a la larga el sistema nervioso. Louis T. Culling es un investigador aficionado a experimentar personalmente con la damiana, y así lo describe en su libro *A Manual of sex magic*. También con la hierba se puede preparar un licor, éste sí, absolutamente afrodisíaco, facilitando la máxima absorción tanto del alcohol como de la miel por el organismo. La receta: 30 gramos de hojas secas de damiana remojadas en medio litro de vodka durante cinco días y después filtrarlo; estas hojas todavía empapadas se dejan ahora remojándose cinco días más en otro medio litro de agua purificada y luego también se filtran; se caliente esta agua restante sin que hierba, se añade una taza de miel y los extractos alcohólicos. Se puede beber durante un mes, uno o dos vasos cada noche, de sabor exquisito, y el poso no es tóxico.

EPAZOTE:

Hierbita afrodisíaca de uso cotidiano en la cocina mexicana, pariente de las mentas y hierbabuenas. La palabra es de origen nahuatl (epazotl), y lleva implícita la idea de algo que huele a la secreción del zorrillo. Un buen chiste para los machistas.

ESPÁRRAGOS:

Vegetal afrodisíaco, y no es de extrañar viendo su forma absolutamente fálica. Son excelentes los españoles de Navarra, pelados a mano. Los espárragos fueron profusamente cultivados por los antiguos egipcios, griegos y romanos. Desaparecen de la mesa europea durante la Edad Media, para recuperarse después con el mundo árabe. El Rey Sol (Luis XIV), de archiconocida fama como amante y aficionado a los afrodisíacos, los puso de moda en la corte francesa durante su reinado. En el antiguo libro erótico árabe *El jardín perfumado* el autor recomienda comerlos diariamente en una receta con huevos revueltos.

ESPINACAS:

Vegetal afrodisíaco plagado de mitos a cuenta de la energía de Popeye. No es cierto que se pueda absorber su hierro, pero son muy nutritivas en vitaminas A, B, C, E y K además de muchos minerales. Al parecer son originarias de Persia, y fue por medio de los árabes como se introdujeron en Europa. Se pueden comer crudas, en ensaladas o cocidas. Los turcos preparan un platillo afrodisíaco mezclándolas con yogur y ajo, y lo toman como aperitivo.

FRAMBUESA:

Maravillosa fruta afrodisíaca, y para saberlo basta con ver su agradable aspecto, su encendido color rojo, y su delicada textura aterciopelada, agridulce. La palabra procede del franco *brambesi* con incorporación francesa de "f" de fresa, y significa literalmente baya de zarza. Es una especie de fresa chiquita que imita en el paladar la mismísima sensación del manjar de los dioses. También con la frambuesa se preparan jarabes medicinales, dándole así un agradable sabor capaz de engañar a cualquiera. Es la fruta del frambueso (*Rubus idaeus*), un árbol originario de Asia que crece también en Europa, y es una delicia que no debe faltar en los delicados postres de nuestra cocina.

Fruta de la pasión:

Fruta exótica y tropical a la que se le atribuyen efectos afrodisíacos en todo Oriente. De hecho este nombre se lo pusieron los misioneros al descubrirla en Brasil. Su pulpa es refrescante, muy ácida, y con un cierto regusto a albaricoque. Se consigue en México.

Ginko biloba:

Sustancia afrodisíaca oriental, de potentes efectos y delicado manejo. Es uno de los trece componentes de la cerveza afrodisíaca francesa. El árbol del que se obtiene puede medir hasta 40 metros y no es de extrañar que el hombre quede admirado ante semejante tamaño. Lo chistoso es que crece espontáneamente en el sur de China, y sin embargo, en Europa se ha introducido como elemento ornamental y casi nadie sabe de sus extraordinarias posibilidades eróticas. También se conoce simplemente como "gingko". Al igual que ocurre con muchos otros afrodisíacos, se le atribuyen también beneficios asociados con la edad, como reforzador de la memoria y facilitador de la circulación sanguínea. De hecho su verdadero efecto sobre el organismo es vasodilatador, y así, lo mismo facilita el riego en áreas cerebrales, que la congestión en los genitales regalando una buena erección masculina o enrojecimiento de la vulva femenina. En México se consigue en las tiendas naturistas. Conviene advertir que la sobredosis causa náuseas y diarrea.

Ginseng:

Raíz exótica de gran poder afrodisíaco. Procede de la planta Panax Ginseng también conocida como *Panax Schinseng*. Paralelamente se usa en farmacia por su excelente capacidad tonificante, siendo remarcable su potencial antiestrés y la estimulación de nuestro sistema inmune. En oriente es un remedio milenario por todos conocido que dota a jóvenes y viejos de la "potencia del toro". Al ginseng se le atribuye el poder de retrasar el envejecimiento, prolongar la vida, regular el flujo de las hormonas, fortalecer el corazón, los nervios y el funcionamiento de las glándulas, mejorar la circulación de la sangre y elevar la actividad del sistema inmunitario para defenderse de las enfermedades, todo ello junto a su famoso efecto tonificante sobre la virilidad (¡casi nada!). Aunque parezca cuento, el ginseng es una de las sustancias herbolarias más investigadas por la ciencia, y muchas de estas cualidades han sido probadas como verídicas en el laboratorio. Y si vemos su composición no es de extrañar. El ginseng contiene un estimulante de las secreciones internas (panaquilón), un estimulante del corazón, de los vasos sanguíneos y órganos centrales (panaxin); un estimulante de los centros medulares y relajante del sistema nervioso (panacenes); y un favorecedor del metabolismo que facilita el movimiento arterial y cardiaco (ácido panáxico); a ello se añaden enzimas (amilasa y fenolasa) así como vitamina B y B2. La planta del ginseng procede de China y Corea, siendo el más afamado este último al estar controlado por el gobierno, sus preparados alcanzan un elevado precio en Occidente ya que se dice que un campo plantado de ginseng extrae tanta sustancia a la tierra que no vuelve a ser fértil en diez años.

Conviene saber que la mayoría del ginseng importado de Hong-Kong no es exactamente de la misma planta original sino que se trata de ginseng americano (*Panx quinquifoium*), también con propiedades benéficas sobre la salud pero mucho menos potente que el coreano. Los preparados comerciales varían tremendamente en su concentración de ginseng, y por consiguiente en su efectividad. Desgraciadamente una investigación sobre este mercado descubrió en 1970 que una cuarta parte de esos productos no contenían absolutamente nada de ginseng. Lo ideal es conseguir la raíz natural, sin procesar, que se va chupando y escupiendo, y que por cierto recuerda mucho a la mandrágora por su forma de hombrecito. Si se trata de ampolletas bebibles conviene leer en la etiqueta la cantidad efectiva que tienen de este compuesto, siendo bastante aceptable la fabricada por Health Products con su Ginsana, y Health Aid con su Koregin Koren Ginseng. Debido a que los componentes se activan con la saliva de la boca, tanto al chupar la raíz como al beber el té conviene hacerlo lentamente antes de tragar el jugo, degustándolo casi ceremonialmente. Existe también un chicle a base de ginseng que, por lo mismo, funciona muy bien como revitalizante interno. Hay por otro lado presentaciones en polvo, extractos y tabletas. Algunos antiguos tratados sobre afrodisíacos recomiendan tomar el ginseng con got-kola (que es la centella asiática), o el Fo-ti-tieng (elíxir de vida) que es una variante africana de la misma planta asiática. Ojo: nada más para las personas que padezcan problemas con su presión sanguínea, porque entonces no conviene y puede resultar dañino.

Guanábana:

Fruto comestible del guanábano, de origen antillano (en lenguaje taino *wanaban*), parecido a la chirimoya y de alto poder energético. En los ochenta se puso de moda en Europa como afrodisíaco, y desde luego no falta en las *Smarts drinks* (bebidas inteligentes) de los jóvenes "Generación X" en sus fiestas *rave* en todo el orbe, lo mismo que el guaraná.

Guaraná:

Planta estimulante brasileña y venezolana que ahora está de moda en todo el mundo por sus efectos enervantes. En España las farmacias venden un preparado afrodisíaco bajo el nombre de "Guarasex". Sin embargo en Brasil la toman hasta los niños para combatir la flojera y la pereza, el abatimiento y la falta de rendimiento, tanto en forma de refrescos como endulzado en caramelos. La preparación tradicional del guaraná conlleva recoger las semillas en octubre; después de trituradas se mezclan con harina de casava y agua hasta formar una pasta que luego se seca al sol en forma de galletitas; las bebidas estimulantes se hacen rallando una de ellas en agua fría o caliente. También sus semillas tienen utilidad como antineurálgico, utilizándose para tratar dolores de cabeza e indisposiciones menstruales (dismenorrea). El nombre internacional de esta planta es cupana (*Paullinia cupana*), una liana leñosa, y lo cierto es que tiene un alto contenido de cafeína, el doble que el café exactamente, lo cual no esconde nada de misterioso y quita el lado místico que ahora envuelve a su consumo en las discotecas añadiéndolo a las "bebidas inteligentes" lo mismo que la guanábana.

GUAYABA:

Fruta afrodisíaca originaria de Brasil y Colombia. Se cultiva en toda América, ahora incluso en Europa por adaptación de cultivos importados y debido a la moda de su consumo. Su pulpa rosada es tierna y jugosa. El sabor, indescriptible, se apunta como una mezcla de membrillo, higo y pera, con un toquecito de fresa. La guayaba es el fruto del guayabo y tiene propiedades medicinales por su alto contenido en taninos. Pero además en algunas zonas de América una guayaba es una mentira, y desde luego en México no te librarás de cualquier doble sentido (albur) para referirse así a la vulva femenina, por lo menos esta vez describe un sabor exquisito. Lo mismo pasa con el guayabo.

HIERBABUENA:

Hierba afrodisíaca de uso común en la cocina como especie y en forma de infusiones como bebida. Su aroma es mentolado y el nombre latino es *Mentha sativa*. A veces la palabra "hierbabuena" se utiliza como genérico para llamar a otras plantas parecidas, como la menta y el epazote mexicano.

HIGO:

Esta fruta tiene una gran reputación como afrodisíaco en las culturas de todo el mundo. Se comía en las ceremonias eróticas chinas. En la Grecia clásica formaban parte de las orgías dedicadas a Príapo y a Dionisios. Su forma recuerda directamente a la vulva, y así se usa en el argot castizo ("tocarse el higo" significa acariciarse los genitales y no hacer nada productivo, huevonear). Pero en el argot de la Grecia moderna "higo" significa curiosamente "homosexual".

Hinojo:

Planta afrodisíaca de sabor picante. También se utiliza en farmacia por sus propiedades expectorantes a partir del aceite esencial que contiene. Éste se usa diluido en el agua caliente del baño o en el aceite de masaje con fines relajantes, cosa que, aunque parezca contradictoria, puede resultar tremendamente rendidora para una jornada erótica si tu amante llega reventado de estrés. El hinojo crece en el sur de Europa y Asia, existiendo también una variedad marina, el hinojo acuático. En toda la antigua tradición europea el hinojo está asociado a la vulva femenina. En los países mediterráneos la sopa de hinojo sigue siendo un popular afrodisíaco. Los hindúes, para procurar la excitación sexual, mezclan jugo de hinojo con regaliz, leche y miel.

Iguana:

Especie de lagarto o saurio tropical cuya carne y huevos constituyen un delicioso platillo prehispánico al cual se le atribuyen propiedades afrodisíacas.

Jazmín:

El perfume de esta flor tiene fama de ser un poderoso excitante erótico. Su aceite esencial se utiliza en preparados afrodisíacos, en perfumería, y diluido, para el baño o el masaje. Puede resultar carísimo en estado puro, ya que se precisan más de siete millones de flores de jazmín para producir un solo kilogramo de este aceite esencial.

JENGIBRE:

Raíz utilizada como especia aromática en la cocina oriental (*ginger*) y en la mexicana. Excelente afrodisíaco. También se emplea en farmacia para preparados tonificantes, y en perfumería para aromas excitantes. En infusión está de moda como terapia alternativa para los dolores menstruales (dismenorrea). Procede de la India donde se utiliza profusamente en su cocina, y no llegó a Europa hasta el siglo x. Tanto la medicina china como la del mundo árabe recogen abundantes escritos sobre sus propiedades como estimulante sexual. Más tarde en Francia, en la corte versallesca de Luis xv, madame du Barry utilizará sus tortillas de jengibre para estimular la pasión del monarca. Si quieres conservar absolutamente estas propiedades es mejor utilizar jengibre fresco al cocinar. Su nombre latino es *Zingiber officinale*, y desde luego el Ginger Ale inglés utilizado como bebida refrescante lo contiene. Curiosamente en todas las lenguas originales (latín, griego y sánscrito) la palabra quiere decir lo mismo: plantas cuyas raíces tienen la forma de un cuerno. ¿Por qué será?

JITOMATE:

Vegetal alimenticio de origen sudamericano, muy rojo. Llamado "manzana del amor" o "manzana del Perú", y en España conocida simplemente como "tomate", aunque esto último para los mexicanos es otra variedad verde y ácida. En la Francia del siglo XVIII era una planta ornamental. Su especial olor a almizcle tiene que ver con su reputación de afrodisíaco, pero este aroma original ha desaparecido en casi todos los cultivos actuales por las mutaciones y manipulaciones de la planta. La albahaca —también afrodisíaca— tiene particular afinidad con el tomate y juntarlos en ensalada puede resultar perfecto.

KIWI:

Fruta afrodisíaca de exquisito sabor muy usada en repostería. Tiene un altísimo contenido en Vitamina C, mucho más que la naranja, incluso que la toronja. Procede remotamente de las regiones montañosas de China. Deja un sabor a fresa silvestre al ser mordida. En realidad el nombre de Kiwi viene de un ave corredora australiana, el principal productor del mundo es Nueva Zelanda.

LAUREL:

Todo Oriente y el mundo árabe reconoce en esta hierba propiedades afrodisíacas, y se asocia concretamente con la virilidad y con valores de potencia sexual masculina. Se usa como especia en la cocina. Los griegos adornaban con coronas de laurel a los atletas y también los romanos a los generales victoriosos.

LENTEJAS:

Esta leguminosa rica en hierro se llama en latín nada menos que *Lens esculenta*. No dejes de incorporarla a tu dieta, al igual que hacían los egipcios y como siguen haciendo los hindúes, por mucho que nuestra cultura occidental diga aquello de "lentejas, comida de viejas, si quieres las comes y si no las dejas".

Litchi:

Fruta china suave y perfumada a la que se atribuyen efectos afrodisíacos. Está considerada como una de las más exquisitas que existen en la naturaleza. Su pulpa es de consistencia tierna y sabor ácido. Deja en el paladar un tremendo gusto a rosas. Se puede degustar como postre en casi todos los restaurantes chinos y en la mayoría de los japoneses.

Lúpulo:

De sabor a cerveza, los tallos jóvenes se hierven como espárragos. Afrodisíaco sólo para mujeres clásicamente, aunque la cerveza sea símbolo de machismo.

Machitos:

Con este nombre se denomina en México a un exquisito platillo con base en testículos de toro, cerdo o cordero, que es exactamente lo mismo que los españoles llaman "criadillas". Está considerado como afrodisíaco, y tal vez sea cierto aquello de que: de lo que se come se cría.

MALVAVISCO:

Es una planta afrodisíaca que se puede tomar en infusión para lograr su mayor efecto. Otras recetas erotófilas la recomiendan sumergida en leche de cabra. Su nombre científico es *Althaea officinalis*, y crece junto al mar o en los terrenos pantanosos. En México se consume habitualmente incorporada a los dulces.

MANZANA:

Fruta tremendamente rica en significados eróticos. Desde siempre considerada afrodisíaca, pero no sólo eso, sino fetiche de todo tipo de encantamientos seductores, magias y brujerías. Así se cuenta en la Edad Media que, para seducir a un hombre, bastaba dormir con una manzana bajo la axila o entre las piernas y luego dársela a comer al amado para que cayera bajo el pasional hechizo. También los pechos femeninos se suelen asociar a manzanitas. Por algo fue una manzana con lo que Eva tentó a Adán; dice una antigua leyenda que, si cortas una manzana de arriba a abajo, verás la razón por la que el primer hombre dejó el paraíso. La manzana se puede comer cruda (mejor aún con piel, bien lavada), se puede cocinar, hacer sidra o el maravilloso licor Calvados. Su jugo, sin endulzar, conserva todas las propiedades de la fruta. No sólo es afrodisíaca directamente sino también rejuvenecedora (que es lo mismo), manzanas como bocado y sidra como bebida serán el alimento de los dioses en las leyendas noruegas, una especie de maná similar a lo que libaban las deidades del Olimpo.

MARISCO:

Todo el marisco es afrodisíaco, particularmente los ostiones crudos y la almeja viva. Reúne todos los requisitos de un excitante sexual propicio a la gastronomía: admite salsas especiales y se puede cocinar con puros afrodisíacos. El marisco se asocia a la diosa de la fertilidad en las antiguas tradiciones. También es nutritivo y saludable, contiene poca grasa y muchas proteínas, además de los minerales que favorecen el desempeño sexual: zinc, fósforo, yodo y otros. Su textura en la boca es tremendamente sensual, estimula tanto la lengua como el paladar. Sus formas son atrevidas y obvias, sus colores eróticos cambian al rojo al cocerlos. Lo táctil también se excita si los acaricias con los dedos. Lo único que falta en ellos es el elemento picante y el diurético que hay en muchos afrodisíacos, por ello funcionan bien con salsas que aporten estas dos cosas: langosta a la provenzal, camarones con salsa de rábano picante (para mujeres), ostiones con Tabasco (para hombres), etcétera.

MENTA:

Planta afrodisíaca *(Mentha sativa)* de hojas olorosas. Se usa como condimento de cocina y también en farmacia, golosinas y perfumería. Es famoso entre los árabes el "té a la menta", que es té negro con unas hojitas de esta planta en el interior del propio vaso, ya que la menta no debe nunca hervirse para que no se evaporen sus aceites esenciales. En la Grecia antigua se decía que el té a la menta despertaba voluptuosos deseos eróticos en hombres y mujeres, tanto que, Alejandro Magno llegó a prohibir su consumo a las tropas en tiempo de guerra, ya que entonces —al igual que ahora en la olimpíadas— se tenía la creencia de que a más sexo, menos valor en combate y menos fuerza física. Conviene saber que aquellos tés de los que hablamos eran hiperconcentrados en comparación con los actuales (50 hojas por medio litro de agua). Idénticas precauciones se tenían con el uso del tomillo y del romero. También una bebida caribeña actual utiliza la menta, el "mojito" cubano, que lleva ron, azúcar y limón además de la menta o hierbabuena. En realidad la palabra menta define un nombre genérico aplicado a diversas plantas de la misma familia, es prácticamente sinónimo de la llamada hierbabuena, y pariente cercano del delicioso epazote mexicano, lo mismo que del serpolet o "madre del tomillo", todas afrodisíacas. Para Shakespeare la menta es un claro excitante masculino, con la ajedrea, la lavanda y la mejorana.

MIEL:

Afrodisíaco en todas las culturas. Galeno la recomendaba antes de irse a dormir (era el médico griego del emperador romano Marco Aurelio). El doctor árabe medieval Avicena recetaba miel con jengibre y pimienta. Entre los anglosajones la receta eran pétalos de caléndula empapados en hidromiel. El "vino de miel" se daba a las parejas de recién casados durante un mes después de la boda, y de ahí viene el famoso concepto actual de "luna de miel". Atila, el bárbaro rey de los hunos, bebió tanto en su boda que murió. Es fuente de energía inmediata porque se digiere fácilmente, además de resultar rica en minerales y vitaminas. La mejor miel del mundo como afrodisíaco proviene de Himeto, montaña cerca de Atenas, ya que lleva esencia de flores y va reforzada con serpol. La calidad de una miel depende de las flores que las abejas encuentren en su recorrido, o la mezcla de mieles que haga el apicultor. También se utiliza como aderezo para el sexo oral lamiéndola sobre el cuerpo y como lubricante erótico, pero no olvidar que es un producto orgánico y que la falta de higiene puede generar infecciones.

Nuez moscada:

Especie afrodisíaca muy utilizada en la cocina. Es el fruto de la mirística (*Myristica fragans*), mismo árbol del que se saca la especia macis. Los yemenitas de Arabia la mascan a diario para obtener virilidad. En grandes dosis (a partir de cinco gramos) es venenosa y genera nauseas, enrojecimiento de los ojos, intoxicación en general, aletargamiento, daño al hígado, desórdenes urinarios y estreñimiento. La nuez moscada, aunque se maneja con ligereza en la cocina, contiene varios psicotrópicos potentes y peligrosos: miristicina, sapol y elemicina. Por ello se usa también para alterar la conciencia donde no hay otras drogas a mano, por ejemplo en algunas cárceles.

Orégano:

Especie, muy habitual en la cocina italiana y de efecto afrodisíaco. Se trata de un hierba tremendamente aromática (*Origanum vulgare*) que crece en toda Europa y que además proporciona efectos tónicos estomacales. Abunda en las recetas mediterráneas y en especial en las griegas afrodisíacas.

Ostiones:

Son afrodisíacos, no cocinados sino crudos y vivos, aunque para notar su efecto hay que desayunarse un mínimo de dos docenas. Se cuenta que el famoso Casanova fue capaz de seducir a dos monjas con ostiones y champán. No se recomienda tomar otro licor con ellos porque el sabor metálico puede ser muy desagradable. En España se llaman ostras. Sin duda son ricos en zinc, pero además tienen un valor sensual, visual y táctil por su textura en la boca además del olor marino que recuerda al sexo. Los romanos los comían por doquier para su virilidad y gustaban de clasificarlos en todas las costas que conquistaban.

Palmito:

Los preparados con base en el palmito están de moda en Estados Unidos como remedio natural para la inflamación de próstata: el famoso *Saw Palmetto*. Se dice que mejoran la función urinaria y alivian los dolores. En general en los antiinflamatorios de farmacia vamos a encontrar casi siempre el contra efecto de provocar impotencia sexual, conviene saberlo para no atribuir a traumas psicológicos una depresión de la libido que puede estar causada simplemente por un tratamiento con estas sustancias, muchas de ellas cortisonas recetadas por el médico. Los preparados de palmito ofrecen en cambio un alivio de la prostatitis sin dañar la potencia sexual. El palmito es en realidad un árbol (*Chamaerops humilis*), una pequeña palmera de los climas cálidos. El cogollo, corazón o médula del palmito es un platillo exquisito, una especie de espárrago tropical que se vende en conserva y que, al igual que éste, está considerado como uno de los afrodisíacos de la cocina cotidiana.

PAPA:

Tubérculo comestible, cotidiano en la cocina. Rico en almidón y vitaminas, y además con poder afrodisíaco. En realidad "papa" es el nombre que le dieron los quechuas del Perú, de cuya cordillera andina es oriunda originariamente. A España la introdujeron los monjes carmelitas tras el descubrimiento de América, en un principio como forraje animal. Es histórico el rechazo que causó como alimento humano en toda la población europea que se negaba a comerla por miedo a que fuera venenosa, hasta el punto de que el rey francés Luis XVI se ponía una flor de papa en el ojal de su casaca para tratar de promoverla, sabedor de que la papa podría solucionar la terrible hambruna que padecía en ese tiempo el viejo continente. El propio jardín de Versalles contó con un sembradío de papas vigilado día y noche por la guardia real, de modo que los ladronzuelos comenzaron a robarlas y a comérselas al considerarlas un tesoro valioso, hecho que provocó el fin de los resquemores y su consumo masivo en Europa. Gracias a ello existen hoy en día platos como la tortilla de patatas española. Lo único que hay de cierto en toda la leyenda venenosa de la papa es que, efectivamente, cuando le nacen brotes no se debe comer porque desarrolla una sustancia tóxica que es la solanina, palabra que le da su nombre en latín a la papa: *Solanum tuberosum*. Pertenece a la familia de las solanáceas, con el chile y los demás pimientos, el tabaco, la berenjena, el jitomate y el toloache, casi todos ellos afrodisíacos.

Perejil:

Hierba de cocina afrodisíaca, llena de connotaciones mágicas y mitológicas. Algunos dicen que permitía a las brujas volar, frotada en las escobas. Para su efecto sexual es mejor comérselo fresco. Se usa en ensaladas y como aderezo, muy parecido al cilantro es tremendamente rico en vitamina C. En la antigüedad se creía que traía buena suerte si crecía espontáneamente cerca de una casa. Pero al revés, en otras culturas, aseguran que el perejil sólo crece exuberante en el jardín del cornudo. Desde siempre se asoció a los ritos de la fertilidad, garantizando el nacimiento de niños sanos durante todo el tiempo de vida de la planta; también se decía que, si a una mujer le regalaban perejil, daría a luz un hijo antes de que transcurriera un año. Se usaba y se usa como abortivo casero, pero puede ocasionar la muerte de la madre en estas maniobras.

Pescado:

En general constituye un alimento afrodisíaco, particularmente el marisco y los pescados azules de agua fría (atún, sardinas, salmón, trucha, etcétera). Desde luego el efecto no es potentísimo ni hace milagros al instante, pero es sutil, acumulativo, y requiere de grandes dosis. No estaría de más incorporarlo a la dieta dos veces por semana.

Pitahaya:

Fruta tropical afrodisíaca. Es original de Colombia, pero se dan excelente pitahayas en toda la religión sinaloense de

México, tanto que el propio nombre de Sinaloa viene del idioma cahita: *sina* = pitahaya + *loa* = río, de modo que sería río o tierra de pitahayas. La piel amarilla tiene protuberancias a modo de botones, realmente exótica. Su interior contiene una pulpa blanca muy dulce, refrescante y aromática, plagada de semillas que hay que escupir porque no se comen.

PLÁTANO:

Fruta afrodisíaca en todas sus variantes (banana, plátano macho, dominico, etcétera). Además es rico en potasio, cuyo metabolismo compite con el sodio de la sal. Con razón la planta que lo produce, el bananero, se llama en latín *Musa Sapientum.* Su fama como excitante erótico data del siglo XVI en que se puso de moda haciendo verdadero furor, tal vez más por su forma y la tremenda insinuación de la *fellatio* al comerlo.

PORO:

Vegetal afrodisíaco que los españoles llaman puerro. Se consume como hortaliza y es diurético (*Allium porrum*). Ya los romanos lo conocían como estimulante sexual, aunque Nerón tomaba sopa de puerros a diario para mejorar su voz pues estaba empeñado en el canto y en su apostura en los discursos. Se cree que el poro es una variedad creada de cultivo humano a partir del ajo oriental (también afrodisíaco). Los franceses son expertos en recetas a partir de este vegetal, y lo preparan al horno con vino tinto. Recomendamos la *purrusalda* de la cocina vasca, la famosa *vichysoise* como crema fría, y por supuesto la mexicana de poro y papa.

Rábano:

Vegetal afrodisíaco de uso común en la cocina. Se trata de la raíz del *Raphanus sativus*, un tubérculo muy sabroso. Tiene color rojo, sabor fuerte y desde luego forma fálica. La variedad de rábano picante está considerada como excelentísimo afrodisíaco, particularmente espolvoreado con coriandro troceado. Se usa desde el primer milenio a.C., y la cultura romana lo utilizaba profusamente en sus salsas. La mejor receta es batido con vinagre y sobre salsa de tomate o yogurt para acompañar el marisco. Su efecto es diurético. Cuentan que en el harén no se permitían rábanos a menos que estuvieran cortados en rebanadas, pero... ésa es otra historia.

Ruda:

Afrodisíaco delicado y peligroso que posee alcaloides potentes del grupo de los harmanos. Contiene harmina, harmalina y harmadol. Una vez plantada esta hierba se extiende rápidamente y resulta muy difícil eliminarla; no se sabe cómo aparecieron extensiones tremendas de ella en Texas y el sudeste de Estados Unidos. La planta no es ilegal, pero en esas zonas la consideran nociva para el campo y han intentado erradicarla con poco éxito. Los alcaloides se encuentran en las raíces y la semilla. Las semillas además tienen muchos usos comerciales y sirven para fabricar pigmento rojo con el que se tiñen las alfombras turcas y persas. En Egipto el aceite extraído de las semillas de ruda se vende como afrodisíaco y alucinógeno, y se llama *Zit-el-harmel*. También se han usado en la medicina popular y como condimento culinario. Es tradicional su uso como abortivo casero, pero la hemorragia uterina que produce no es controlable y puede llevar a la muerte de la mujer fácilmente. De hecho a la ruda se le conoce por su ocasionar la muerte por paro cardiaco. Otros dicen que como afrodisíaco tiene un efecto sorprendente y contradictorio, hace al hombre casto y a la mujer sensual.

TAMARINDO:

Legumbre afrodisíaca supuestamente de origen brasileño (*Tamarindus indica*), siendo su fruto una vaina con el interior pulposo. La palabra deriva del árabe: *tamr hindiy* = dátil hindú. Tiene asimismo propiedades laxantes. En todo el continente americano se usa frecuentemente para preparar dulces, ya que su pulpa tiene un singular sabor ácido. En México lo toman espolvoreado de chile piquín para contrastar aún más el sabor, y resulta un preparado extraordinariamente exótico y delicioso. Se utiliza también para jaleas, conservas, bebidas y tisanas medicinales.

TOMILLO:

Especie aromática y afrodisíaca muy utilizada en la cocina. Se usa para la pasta, en la salsa de jitomate y en un sinfín de guisos y ensaladas. Su nombre científico es *Thymus vulgaris*. Posee timol entre sus principios activos, y se utiliza también en medicina por sus efectos balsámicos y antisépticos. Los antiguos hacían para las doncellas una romántica alfombra de tomillo y el olor se liberaba al ser aplastado por los pies. Espolvoreado sobre el jitomate es perfecto, ya que tendremos efecto afrodisíaco por partida doble.

Trufa:

Es un hongo afrodisíaco que crece bajo tierra, invisible para buscarlo. Contiene feromonas (hormonas olfativas sexuales) detectables por una nariz cachonda. Es por ello que se entrenaban cerdos para buscar las trufas, pero se prohibió esta táctica porque, además de que se las comían como locos al encontrarlas, para colmo generaba hasta batallas entre ellos por disputárselas. Hoy en día esta búsqueda se hace con perros, más dóciles al entrenamiento. La trufa crece subterránea al pie de los encinos, pero no bajo todos ellos y se desconoce la razón de esta variable, y además no se sabe cultivarla con precisión comercialmente. Existe trufa blanca, roja o negra (más fina), y de éstas la llamada "diamante" es la mejor y más cara del mundo. Los patés franceses más exquisitos la contienen en pequeñas porciones; es tan fuerte que sólo se precisa de ella una parte mínima. Era ya usada por los romanos, y se sabe que Jorge IV dio instrucciones para que nunca faltara en las cocinas reales porque la pedían sus embajadores. También es histórico que los médicos de la corte se la dieron a Napoleón para aumentar su potencia sexual.

Uva:

Fruta afrodisíaca asociada al dios griego de la fertilidad Dionisios, lo mismo que con las orgías donde se comía en su honor. Esto se repite en su equivalente romano Baco ligado a las uvas y al vino. Nuestra cultura come las doce uvas en el cambio del año. En la actualidad los laboratorios multinacionales desarrollan extractos de uva para cosmética de efectos prodigiosos y antienvejecimiento. La más deliciosa y sensual es el tipo moscatel, con muchas otras variedades en todo el mundo. Contiene vitaminas C y B además de glucosa y fructosa, sodio, potasio, magnesio, calcio y fósforo. Son especialmente afrodisíacas las de piel fina, y más agradables al paladar.

VAINILLA:

La *Vainilla planifolia* es el dulce fruto alargado, las vainas con forma de cápsula, de la orquídea trepadora tropical. Es un gran condimento comercial, pero de uso delicado y peligroso. La pequeña cantidad aportada a helados y pasteles no es suficiente para producir cambios fisiológicos, pero en cantidades mayores de material crudo o del extracto puro tiene efectos marcadamente afrodisíacos. Se dice que la famosa madame du Barry daba vainilla a sus amantes para que estuvieran siempre en forma. No se sabe cual es su mecanismo de acción pero es probable que excite la uretra a la manera de la cantárida aunque más suavemente. A los trabajadores que la recogen en el campo suele irritarles mucho la piel de las manos. No se debe usar nunca en periodos prolongados ni en grandes dosis (menos de dos vainas), ya que podría dañar órganos internos como el riñón o el hígado. Al parecer, el famoso afrodisíaco de los antiguos griegos conocido como *Satyrion* estaba hecho con base en una variedad de vainilla de orquídea.

Zanahoria:

Por su forma fálica y su color ardiente los griegos lo llamaban falo vegetal. Más tarde se descubrieron sus propiedades y se recomendaba como afrodisíaco, ya que contiene vitaminas A, B1, C y E, aunque sea baja en proteínas. Los árabes la toman estofada en leche. Consumida regularmente se cree que da apetito y potencia sexual.

Zarzamora:

Estimulante sexual en las tradicionales comidas rurales inglesas. Pero cuidado, porque se dice que todas las moras encontradas después de finales de septiembre pertenecen al diablo, ¿será cierto?

Zarzaparrilla:

Es la raíz de una vid tropical americana, *Silax officinalis*. La toman los indios de México y en todo América del centro y del sur para superar la debilidad física y la impotencia. En 1939 se descubrió que es muy rica en esteronas. Ahora constituye una fuente comercial de testosterona, la gran hormona masculina. La testosterona acelera la aparición de los caracteres sexuales masculinos si están retardados, alarga penes de poca longitud, supera impotencias debidas a causas físicas, mejora el estado muscular y aumenta el vigor sexual en los hombres mayores. Pero la zarzaparrilla contiene también progesterona (hormona femenina) y otra sustancia adrenal que aumenta la resistencia a la enfermedad y alivia la depresión nerviosa. Para preparar la receta: con la raíz seca se hierven dos o tres cucharadas soperas en medio litro de agua durante cinco minutos, y habrá que cuidar que no se derrame y se pierda la espuma; colar y beber lentamente dejando cada sorbo aproximadamente un minuto en la boca (los ácidos digestivos destruyen la testosterona y se absorbe mejor por la paredes bucales). Se toman una o dos tazas por la mañana y otro tanto antes de acostarse durante un par de semanas. Dejar luego un mes de reposo sin tomarla y, si se quiere, se puede reanudar el tratamiento. Ojo, que la ingestión masiva de testosterona puede crear hábito y así la capacidad del cuerpo para producir esta hormona disminuye o se paraliza. Nada es gratis.

7 noches de amor se terminó de imprimir en noviembre de 2004, en Litográfica Ingramex, S.A. de C.V. Centeno No. 162, col. Granjas Esmeralda, C.P. 09810, México, D.F.

Certificado No. 02-2082